Tibet Terrier

Tibet Terrier

Auswahl · Haltung · Pflege · Erziehung

Karin Biala-Gauß

FALKEN

Inhaltsverzeichnis

Der Tibet Terrier –
ein Terrier, der keiner ist ____ 6
Ursprung und Geschichte _____ 6
Äußeres Erscheinungsbild _____ 9
Charakter und Wesensmerkmale _ 11

Ein Tibet Terrier soll
ins Haus _____ 13
Überlegungen vor dem Kauf ____ 13
Welpe oder erwachsener Hund? __ 16
Rüde oder Hündin? _____ 17
Der Hundekauf _____ 19
Grundausstattung _____ 22

Der neue Hund zieht ein ____ 24
Vorbereitungen vor der Ankunft _ 24
Die Eingewöhnung des Welpen _ 25
Kind und Tibet Terrier _____ 28
Ein Tibet Terrier als Zweittier? ___ 30

Die Entwicklung vom
Welpen zum aus-
gewachsenen Tibet Terrier __ 31
Die körperliche Entwicklung ____ 31
Die Wesensentwicklung _____ 33

Erziehung _____ 35
Die Grundlagen _____ 35
Stubenreinheit _____ 37
Leinenführigkeit _____ 38
Die wichtigsten Kommandos ____ 39
Dominanzverhalten _____ 42
Die Hausordnung _____ 44
Lernen in der Gruppe _____ 46

Inhaltsverzeichnis

Wichtiges auf einen Blick

S. 15   Übersicht: Finanzielle Aufwendungen
S. 20   Checkliste: Woran Sie einen guten Züchter erkennen
S. 22   Checkliste: Grundausstattung
S. 34   Tabelle: Die Wesensentwicklung des Welpen
S. 61   Tabelle: Die wichtigsten Vitamine
S. 68   Übersicht: Impfplan
S. 82   Tabelle: Häufige Verletzungen und Erkrankungen

Haltung und Pflege — 51
Der Bewegungsbedarf — 51
Die Pflege — 51

Ernährung — 58
Die Zusammensetzung des
Futters — 58
Fertigfutter — 60
Selbstzubereitetes Futter — 62
Futtermenge und Fütterungs-
zeiten — 64
Leckereien — 66

Gesundheit — 67
Schutzimpfungen — 67
Tierarzt oder Hausapotheke — 67
Erkrankungen des Verdauungs-
apparates — 70
Erkrankungen der Hündin — 71
Parasiten — 73
Erbliche Augenerkrankung
(PRA) — 75
Wenn Hundenachwuchs nicht
erwünscht ist ... — 76

Anhang — 84
Kontaktadressen — 84
Literaturhinweise — 85

Register — 86

Der Tibet Terrier –
ein Terrier, der keiner ist

Ursprung und Geschichte

Der Ursprung der Rasse liegt in Tibet, einem der geheimnisvollsten Länder der Erde. Die klimatischen Bedingungen sind eher rauh, großer Reichtum war Land und Bevölkerung nie beschieden. Die gebirgigen Regionen Tibets werden seit jeher von Nomadenstämmen bewohnt, die das Land auf mehr oder weniger festgelegten Wanderstraßen durchziehen und deren Lebensweise sich seit über 2000 Jahren kaum verändert hat.

Nomadenhunde
Mit der Domestikation der rinderähnlichen Yaks, Ziegen und Schafe kamen im Laufe der Zeit Hütehundtypen auf, die die Herden zusammenhielten, Raubtiere abwehrten und gleichzeitig den Menschen und sein Hab und Gut

Als Hütehund liebt der Tibet Terrier ungehinderte Bewegung in freier Natur

vor Räubern schützten. Für die Arbeit mit den Yaks entstanden große, mastiff-ähnliche Hundeformen. Die Hütearbeit an Schafen und Ziegen erforderte jedoch einen wendigeren Hund, der auch in der Lage war, den Weidetieren sicher in steiles, felsiges Gelände zu folgen, denn das karge Futterangebot trieb die Herden bei der Nahrungssuche weit auseinander. Zudem mußte dieser Hundetyp leicht sein, um nicht im Schnee einzusinken. Möglichst große, flache Pfoten waren dabei von Vorteil. Die klimatischen Bedingungen verlangten ein dichtes, langes Haarkleid mit reichlich Unterwolle – es schützte vor Kälte, Nässe und auch vor Verletzungen durch Raubtiere. Schließlich erwarteten die Hirten von ihren Hunden Furchtlosigkeit und die Fähigkeit, allein die situationsbedingt richtigen Entscheidungen zu treffen. Die vierbeinigen Helfer arbeiteten nicht nach direkter Anweisung oder Anleitung durch die Hirten, sondern zumeist selbständig und auf sich allein gestellt.

Wer den harten Anforderungen dieses kargen Lebens nicht gewachsen war, hatte keine Chance zu überleben und sich fortzupflanzen. Diese unerbittliche Auslese brachte für den kleineren Hundetyp schließlich den Tibet Terrier hervor. Er ist damit das Ergebnis einer Zucht, die nicht auf einer optischen Zielvorstellung der Nomadenhirten basierte, sondern von den Lebensbedingungen diktiert wurde.

Klosterhunde

In tibetischen Klöstern wurden immer Hunde gehalten, teils aus religiösen Gründen, teils als Zahlungsmittel – bestimmte Hundetypen hatten in Asien als Prestigeobjekte einen beachtlichen Wert. Im Tausch gegen Lebensmittel und Haushaltswaren oder als religiösen Tribut erhielten die Mönche von den Nomadenhirten vor allem solche Hunde, die für die Hütearbeit zu klein waren. In den Klöstern züchtete man mit diesen Hunden weiter, größere Exemplare aus diesen Züchtungen wurden wieder an andere Hirtenstämme abgegeben. Dadurch war bei den einzelnen Nomadengruppen eine ausreichend breite genetische Basis der Zuchthunde gewährleistet. So schloß sich ein Kreislauf, bei dem alle Beteiligten ihren Vorteil hatten.

Der Tibet Terrier wird Rassehund

Die dokumentierte Geschichte der Rasse beginnt im Jahre 1922 in Indien. Dr. Agnes Greig, eine englische, in Indien stationierte Ärztin, erhält als Dank für eine gelungene Operation an der Frau eines tibetanischen Stammesfürsten einen weiblichen Tibet Terrier-welpen zum Geschenk. Dr. Greig ist mit Tieren alles andere als unerfahren: Ihre Mutter züchtet in England Cocker Spaniels, sie selbst besitzt Rennpferde und Pekinesen, mit denen sie Ausstellungen besucht. Und so ist es nicht verwunderlich, daß sie auch diese kleine Hündin, zu der sie eine ganz außergewöhnliche Beziehung hat, auf einer Ausstellung vorstellt. Sie will sie als Lhasa Terrier (heutige Rassebezeichnung: Lhasa Apso) registrieren lassen. Leider bekommt sie die gewünschte Eintragung nicht, weil die Hündin nicht dem Rassetyp entspricht. Man stellt ihr jedoch eine Registrierung in Aussicht, wenn sich das äußere Erscheinungsbild in der Weiterzucht als stabil und damit als einheitliche Rasse erweisen sollte. Die Zuchtergebnisse zeigen tatsächlich einen ausreichend einheitlichen Rassetyp, so daß die Tiere im Jahre 1930 vom Indischen Kennel Club unter der Rassebezeichnung Tibet Terrier Anerkennung finden.

Terrier wurden zur damaligen Zeit in England alle Hunderassen genannt, die nicht eindeutig den großen Jagd- und Gebrauchshunderassen oder den kleinen Schoßhundrassen zugeordnet werden konnten. Nach unserem heutigen Verständnis werden als Terrier aber nur Hunde mit Jagdeigenschaften bezeichnet, und diese kann man dem Tibet Terrier als Hirtenhund schwerlich nachsagen. Beim Lhasa Terrier wurde die irreführende Bezeichnung später berichtigt. Die Rasse wurde in Lhasa Apso (= Lhasa Hund) umbenannt, dem Tibet Terrier blieb diese Korrektur bis heute versagt.

1930 beendet Dr. Greig ihren Dienst in Indien und kehrt mit ihren Hunden nach England zurück. Unter ihrem Zwingernamen „Lamleh" legt sie den internationalen Grundstein für die Tibet Terrierzucht. Obwohl Dr. Greig ihre Hunde nur ins Ausland verkauft, kann sie nicht verhindern, daß Ende der 50er Jahre in England ein zweiter Tibet Terrierzwinger unter dem Namen „Luneville" entsteht. Beide Züchter bekämpfen sich erbittert, so daß die internationale Tibet Terrierzucht lange Zeit in zwei Lager gespalten bleibt. Im Rückblick läßt sich heute jedoch vermuten, daß gerade dieser „Krieg" und die internationale Verbreitung der Hunde das Interesse an der Rasse so entfacht haben, daß sie diesen enormen Aufschwung erfahren konnte. Die Ahnentafeln fast aller Zuchthunde weltweit lassen sich auf Hunde der beiden Zwinger – Lamleh oder Luneville – zurückführen.

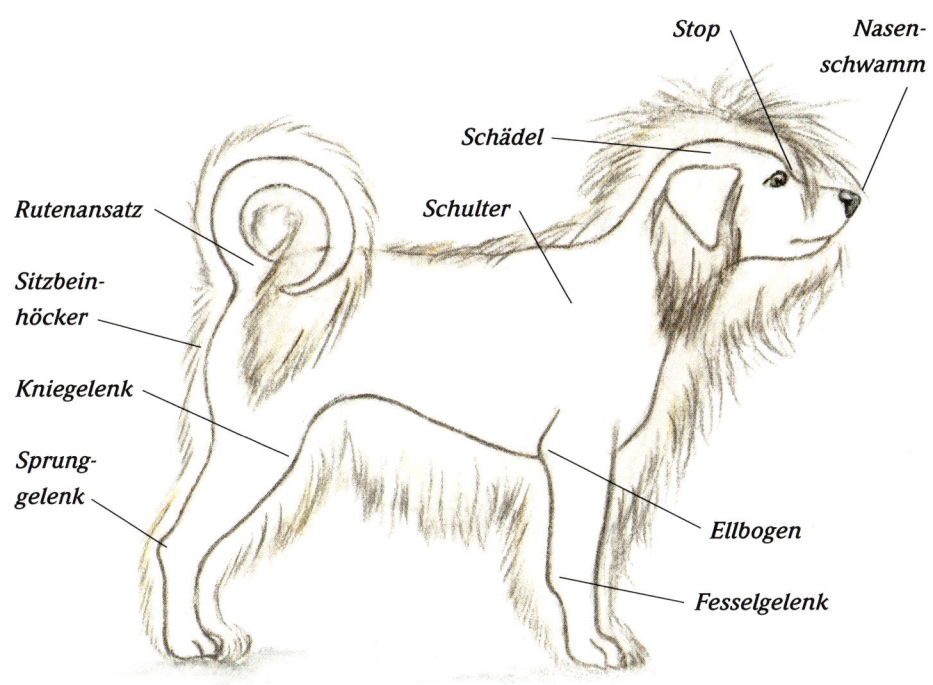

Stop
Nasenschwamm
Schädel
Schulter
Rutenansatz
Sitzbeinhöcker
Kniegelenk
Sprunggelenk
Ellbogen
Fesselgelenk

Äußeres Erscheinungsbild

Für jede Hunderasse, die von der FCI (**F**édération **C**ynologique **I**nternationale: sie ist der Dachverband für die nationalen Rassehundezuchtverbände) anerkannt ist, wird eine Rassebeschreibung festgelegt. In der Fachsprache heißt diese Beschreibung Rassestandard. Darin wird der Idealtyp für die jeweilige Rasse definiert, und alle Zuchtbestrebungen gehen dahin, diesem Idealbild in der Wirklichkeit möglichst nahe zu kommen. Nachfolgend eine vereinfachte und gekürzte Form des Tibet Terrier Standards.

Der Tibet Terrier ist ein langhaariger, robuster Hund von mittlerer Größe und quadratischem Körperbau. Er ist lebhaft, gutmütig, wachsam, intelligent, mutig und treu. Fremden gegenüber verhält er sich zurückhaltend. Ungestümes oder streitsüchtiges Verhalten ist unerwünscht.
Der **Kopf** weist einen Schädel von mittlerer Länge auf, der nicht zu breit oder grob ist. Der Fang ist kräftig mit gut entwickeltem Unterkiefer, an dem sich ein kleiner, nicht übertrieben langer Bart befindet. Der Nasenschwamm ist von schwarzer Farbe. Die reiche und lange Kopfbehaarung fällt nach

Die **Gliedmaßen** sind gut bemuskelt, und die Bewegungen werden kraftvoll und mit viel Schwung ausgeführt. Die Läufe sind stark behaart und gerade, Vorder- und Hinterläufe stehen zueinander parallel. Die Kniegelenke sind gut gewinkelt. Die Pfoten sind groß und rund mit flachen Fußballen. Die Trittsiegel von Vor- und Hinterhand liegen auf gleicher Linie (siehe auch Abb. links).

Die **Rute** ist mittellang, hoch angesetzt und wird fröhlich über dem Rücken eingerollt getragen. Sie ist sehr üppig behaart. Ein Knick in der Rutenspitze kommt oft vor und ist erlaubt.

Das **Haarkleid** ist doppelschichtig, das heißt, es besteht aus einer feinen Unterwolle mit darüberliegendem Deckhaar. Letzteres ist üppig und in der Textur weder seidig noch wollig. Die Haare sind lang, glatt oder gewellt, aber nicht lockig. Alle Farben und Farbkombinationen sind erlaubt mit Ausnahme von schokoladen- oder leberbraun, da bei dieser Farbe der Nasenschwamm niemals schwarz, sondern bestenfalls dunkelbraun sein kann.

Die **Widerristhöhe** für Rüden ist 35,5 – 40,5 cm. Hündinnen sind geringfügig kleiner. Das Gewicht ist im Standard nicht festgelegt. Es liegt zwischen 7 und 14 kg.

▬▬ *Korrekt: Trittsiegel von Vor- und Hinterhand einer Körperseite liegen in einer Linie (Abb. links).*
Falsch: Trittsiegel von Vor- und Hinterhand einer Körperseite liegen, z. B. aufgrund von schlechter Schulterlage oder schwacher Hinterhand, nebeneinander (Abb. rechts)

vorn über die Augen, die groß, rund und dunkelbraun sind und von einem schwarzen Lidrand eingesäumt werden. Die Ohren sind üppig behaart und werden hängend – aber nicht zu dicht am Kopf anliegend – getragen. Das Gebiß schließt als Schere oder umgekehrte Schere (Reibevorbiß).

Charakter und Wesensmerkmale

Aus der Entstehungsgeschichte der Rasse lassen sich die grundlegenden Wesenszüge dieses Hundes ableiten, die sich, ebenso wie sein äußeres Erscheinungsbild, über viele Generationen herausgebildet und gefestigt haben.

Wie bereits erwähnt (siehe S. 8), besitzt der Tibet Terrier keinen Jagdtrieb, da er ein Hütehund ist. Als Familienhund kann er seine Gebrauchshunde-

eigenschaften zwar nicht mehr ausleben, sie sind jedoch nach wie vor Bestandteil seines Wesens. Ursprünglich für die selbständige Hütearbeit gezüchtet, verfügt der Tibet Terrier über ein großes Maß an Unabhängigkeit und Selbstsicherheit. Unterwürfigkeit oder gar bedingungslose Unterwerfung können wir bei einer solchen Rasse also niemals erwarten. Die Familienmitglieder ersetzen ihm seine „Herde", er ist ihr treu ergeben, und er wird sich erst dann richtig wohl fühlen, wenn er sie komplett um sich versammelt weiß. Er setzt auch alles daran, sie zu beschützen, und ist daher Fremden gegenüber äußerst mißtrauisch, zumindest so lange, bis ihm das Verhalten des Besitzers signalisiert, daß sie willkommen sind und keine Gefahr bedeuten.

Naturgemäß verfügt dieser Hund über eine gewisse Zielstrebigkeit, wenn es ihm darum geht, seinen Willen durchzusetzen. Anweisungen, die er nicht für geeignet hält, kann er auch einmal schlicht ignorieren. Er hat ein munteres, aufmerksames Wesen, beobachtet alles, was um ihn herum vorgeht und hat ein ausgeprägtes Gefühl für festgesetzte Tagesabläufe. Er ist immer zum Spielen aufgelegt, weiß aber auch ganz genau, wann es angebracht ist, sich dezent im Hintergrund zu halten. So ist er niemals aufdringlich oder lästig.

Der Tibet Terrier ist zwar anpassungsfähig, aber ein ausschließlicher Sofahund ist er nicht

Als Hütehund besitzt er ein ruhiges Wesen, wirkt auch in Gefahrensituationen nach außen hin gelassen und strahlt dabei gleichzeitig Autorität aus. Letztere hat in früheren Zeiten die Herdentiere dazu veranlaßt, seinen Anweisungen zu folgen, und hat Angreifer eingeschüchtert.

Gegenüber Geschlechtsgenossen zeigt der Tibet Terrier-Rüde häufig ein ausgeprägtes Aggressionsverhalten, das seinen Ursprung vermutlich ebenfalls in seiner Zeit als Nomadenhund hat. Damals kam nur der dominanteste Rüde zum Zuchteinsatz. Da es aber keine Rudelbildungen mit festem Rangordnungsgefüge gab, wurde wohl jeder andere Rüde als potentieller Rivale betrachtet, den es zu unterwerfen galt.

Trotz der vielen guten Anlagen, die ein Hütehund wesensmäßig mitbringt, hört man leider immer wieder von Haltern, die mit ihrem Tibet Terrier nicht zurechtkommen.

Oft soll der Hund dann sogar weggegeben werden. Diese Besitzer beklagen hauptsächlich Ungehorsam, übersteigerte Lebhaftigkeit oder gar Aggressionsverhalten gegen den eigenen Herrn oder gegen Familienmitglieder. Der eigentliche Grund für diese Negativerfahrungen ist nicht in einer besonderen Schwierigkeit der Rasse zu finden, es werden vielmehr falsche Erwartungen in den Hund gesetzt. Oft wird ein Welpe spontan gekauft. Der optische Eindruck des süßen Wuschelhundes läßt die Käufer gar nicht auf den Gedanken kommen, daß es sich hier um einen ursprünglichen Gebrauchshund handelt, der einfühlsam ins häusliche Familienleben eingegliedert werden muß.

Wichtig: Ein bloßes Dasein als Sofahündchen kann einen Tibet Terrier nicht befriedigen. Er braucht Beschäftigung, Bewegung und von Seiten des Besitzers eine gewisse Toleranz, denn der Tibet Terrier paßt sich zwar an, aber er läßt sich nicht anpassen.

Im übrigen werden Hunderassen nicht zuletzt auch durch die Mentalität der Menschen geprägt, unter denen sie entstanden sind. Speziell asiatische Rassen haben einen ganz eigenen und manchmal rätselhaften Charakter, der schwer zu beschreiben ist, und den wir Europäer in seinem ganzen Spektrum wahrscheinlich auch nie begreifen werden. Selbst der erfahrene und einfühlsame Halter eines asiatischen Hundes wird immer wieder in Situationen kommen, wo er sich fragt, was jetzt in seinem Hund wohl vorgehen mag ...

Ein Tibet Terrier soll ins Haus

Überlegungen vor dem Kauf

Besonders die Anschaffung eines
Ersthundes bedeutet meist einen dra-
stischen Einschnitt in die gewohnten
Lebensabläufe. Um ein sozial so hoch-
entwickeltes Mitgeschöpf wie den
Hund artgerecht zu halten, bedarf es
neben Futter und Pflege auch der Be-
reitschaft, den vierbeinigen Mitbewoh-
ner als Familienmitglied zu akzeptieren. Bedauernswerterweise werden
Hunde aber oft ausschließlich nach optischen Gesichtspunkten ausgewählt.
Ein viel wichtigeres Kriterium wären
jedoch die charakterlichen Eigenschaften einer Rasse.

Unser Tip:

**Um einen Fehlkauf zu vermeiden
und Enttäuschungen vorzubeugen,
sollten Sie sich durch Besuche bei
Züchtern oder Gespräche mit anderen Haltern vorab ein Bild vom Wesen der Rasse machen. Nur so können Sie herausfinden, ob Sie und
der Hund zusammenpassen.**

Sich einen Hund anzuschaffen, heißt
eine etwa 15 Jahre dauernde Verant-
wortung zu übernehmen, das Tier zu
pflegen und sich darüber im klaren zu
sein, daß es nicht nur „gute Tage" im
Verlauf des Zusammenlebens geben
wird. Daher sollten Sie sich unbedingt
auch schon vor dem Kauf Gedanken
über seine Unterbringung für die Zeit
des Urlaubs oder eines Krankenhaus-
aufenthaltes machen.
Selbstverständlich dürfen Sie sich nur
für einen Hund entscheiden, wenn alle
im Haushalt lebenden Personen damit
einverstanden sind, insbesondere auch
mit der ausgewählten Rasse. Falls Sie
zur Miete wohnen, muß ebenfalls bereits vor dem Kauf sichergestellt sein,
daß Hundehaltung überhaupt erlaubt
ist. Wer eine Eigentumswohnung in einem Mehrfamilienhaus bewohnt, muß
sich zumindest mit den Mitbewohnern
vorher über den vierbeinigen Zuwachs
absprechen.
Schließlich müssen die Kosten, die mit
der Anschaffung eines Hundes anfal-
len, berücksichtigt werden. Wie hoch
die finanziellen Aufwendungen für einen Tibet Terrier durchschnittlich sind,

Finanzielle Aufwendungen			
	einmalig	pro Jahr	pro Monat
Kaufpreis	ca. 1500 DM		
Grundausstattung	ca. 200–300 DM		
Hundesteuer		ca. 100–240 DM	
(Haftpflichtversicherung		ca. 100–150 DM)	
Impfungen		ca. 100 DM	
(Krankenversicherung		ca. 250 DM)	
Futter / Pflege			ca. 50 DM

zeigt die obige Tabelle. Da Sie per Gesetz nicht verpflichtet sind, für Ihren Vierbeiner eine Hundehaftpflicht- oder eine Krankenversicherung abzuschließen, sind diese beiden Positionen in der Tabelle in Klammern aufgeführt. Der Abschluß einer Hundehaftpflichtversicherung ist allerdings sehr empfehlenswert.

Paßt ein Tibet Terrier zu Ihnen?

Den Tibet Terrier müssen wir zweifellos zu den etwas anspruchsvolleren Hunderassen zählen. Wer sich für ihn entscheidet, muß in einigen Belangen eine gewisse Toleranz aufbringen:

▨ Finger weg, wenn Sie einen Hund wollen, der „pariert". Der Tibet Terrier ist viel zu eigenwillig und selbstbewußt, als daß er sich einfach herumkommandieren läßt. Er möchte als Partner respektiert werden. Wenn man ihm seine gewissen Freiräume läßt und es versteht, ihn konsequent, aber verständnisvoll anzuleiten, wird er die grundsätzlich festgelegten Tabugrenzen allerdings nur selten überschreiten.

▨ Bewegungs- oder wetterscheu dürfen Sie als Halter eines Tibet Terriers keinesfalls sein. Ausgedehnte Spaziergänge, und nicht nur zwei Runden um den Block, sind eine tägliche Notwendigkeit, wenn sich so ein Hund wohl-

So wird er wohl nicht aufs Wohnzimmersofa dürfen

Der Tibet Terrier ist ein Hund, der die Gesellschaft des Menschen sucht und braucht. Das soll nicht bedeuten, daß man sich rund um die Uhr mit ihm beschäftigen muß, aber er möchte unbedingt in unserer Nähe sein. Für Berufstätige oder Teilberufstätige, die täglich mehr als 4 Stunden außer Haus sind, kommt ein Tibet Terrier nicht in Frage. Es sei denn, er darf zum Arbeitsplatz mitkommen. Ohne zu stören, kann er nämlich stundenlang in Sichtweite seines Besitzers ausharren. Ein freundliches Wort oder kurzes Streicheln zwischendurch genügen ihm, wenn er an einen solchen Tagesablauf gewohnt ist.

fühlen soll. Gemäß seiner Herkunft scheut er dabei weder Wind noch Wetter. Entsprechend wird er nach einem „Regentrip" aussehen – ein Horror für jede Hausfrau, die Wert auf den makellosen Zustand ihres trauten Heimes legt! Wohl oder übel muß der Tibet Terrier oft erst wieder „wohnungstauglich" gemacht werden, bevor man sich, ermüdet vom Laufen, selbst in den Sessel fallen lassen kann.

Aufgrund seines langen Fells braucht dieser Hund auch bei guten Wetterbedingungen eine regelmäßige, gründliche Pflege, die man durchaus als zeitaufwendig bezeichnen kann (siehe S. 51 ff.).

Welpe oder erwachsener Hund?

Beim Kauf eines Hundes denken die meisten an einen Welpen. Dies ist verständlich, denn zum einen ist es eine ganz einmalige Erfahrung, seinen Hund heranwachsen zu sehen, zum anderen hat es den Vorteil, daß man den Vierbeiner nach seinen eigenen Vorstellungen formen und erziehen kann. Verhaltensforscher befürworten ein Abgabealter von 6 – 8 Wochen. Bei Großhunderassen, die oft in Zwingern gezüchtet werden, mag dies notwendig sein. Solche Welpen haben nämlich bis zum Zeitpunkt der Abgabe oft nur wenig Kontakt zu Menschen. Um trotzdem noch eine gute Prägung auf den Menschen zu erhalten (siehe auch S. 34), werden diese Hunde früh an ihre neuen Besitzer abgegeben. Wird ein Wurf aber mit Familienanschluß, d.h. in der Wohnung des Züchters aufgezogen, so sollten die Welpen bis zu einem Alter von 10 – 12 Wochen bei ihrer Mutter bleiben dürfen.

Wichtig: Um den Welpen vor gefährlichen Infektionskrankheiten zu schützen, sollte er bereits seinen vollständigen Impfschutz erhalten haben, wenn der Züchter ihn abgibt.

Vorausgesetzt, daß er in verantwortungsbewußten Händen war, kann es unter Umständen auch von Vorteil sein, einen halbwüchsigen oder ausgewachsenen Hund zu übernehmen. Für ältere Menschen, die gerne auf die turbulente Junghundzeit verzichten und einen „gesetzten" Hund bevorzugen – ist dies vielleicht eine Alternative. Eine Möglichkeit, an einen bereits ausgewachsenen Hund zu kommen, ist der Züchter. Oft wird ein Welpe zunächst für die Zucht zurückbehalten und später doch noch abgegeben, weil er sich für die Zucht nicht optimal eig-

net. Leider gibt es auch immer wieder die sogenannten „Umständehunde", die aus Privathand wieder abgegeben werden.

Für einen älteren Tibet Terrier sollten Sie sich grundsätzlich nur entscheiden, wenn Sie die Möglichkeit haben, ihn vorab kennenzulernen. Außerdem sollten Sie bereits über „Hundeerfahrung" verfügen. Als Anfänger halten Sie besser nach einem Welpen oder höchstens ein- bis zweijährigen Hund Ausschau. Der reifere Hund hat nämlich bereits Eigenschaften oder Angewohnheiten, die man ihm nur schwer oder überhaupt nicht abgewöhnen kann. Möglicherweise hat er auch in der Vergangenheit schon schlechte Erfahrungen gemacht und dadurch eine Verhaltensstörung entwickelt. Wenn Sie also Zweifel haben, verzichten Sie lieber auf einen Hund aus zweiter Hand, bevor Sie einem solchen Tier eventuell einen weiteren Besitzerwechsel zumuten, der es das Vertrauen in den Menschen mehr und mehr verlieren läßt.

Rüde oder Hündin?

Eine Frage, die durchaus ihre Berechtigung hat. Obwohl es sicherlich Ausnahmen gibt, zeichnen sich in dieser Rasse Geschlechtsunterschiede ab, die für Ihre Entscheidung von Wichtigkeit sein können.

Ein Rüde besitzt in der Regel mehr Willensstärke und Imponiergehabe. Bei gleicher Größe ist er außerdem kräftiger und stärker als eine Hündin, was von Bedeutung sein kann, wenn Kinder im Haushalt sind.

Daneben hält der Rüde sein Haarkleid über das Jahr hinweg gleichmäßiger als die Hündin, gleichzeitig ist er bei der Pflege im Genitalbereich aber sehr viel aufwendiger. Beim Beinchenheben gelingt es ihm nicht immer, seine „Gardinen aus der Schußlinie" zu halten. Will man vermeiden, daß er mit der Zeit einen etwas merkwürdig-strengen Geruch annimmt, dann ist nach so manchem Spaziergang ein kleines Duschbad im Bauchbereich und an der Innenseite der Hinterläufe nötig.

Die Hündin dagegen hat etwa zweimal jährlich ihre ca. 3 Wochen andauernde Hitze, während der sie von allen Rüden ferngehalten werden muß – es sei denn, Sie lassen das Tier kastrieren (siehe hierzu S. 78).

Einige Wochen vor der Hitze haaren Hündinnen in der Regel ab, d.h. sie machen einen leichteren, hormonell bedingten Haarwechsel durch. Häu-

Wenn Ihr Tibet Terrier und der Nachbarshund dasselbe Geschlecht haben, können sie das ganze Jahr über so unbeschwert zusammen spielen

figeres Ausbürsten hilft zwar, trotzdem werden Sie in dieser Zeit vermehrt Hundehaare auf Teppichen und Polstermöbeln finden.

Ein weiteres Kriterium bei der Wahl Rüde oder Hündin kann in der Geschlechtsverteilung der Nachbarschaftshunde liegen. Keinesfalls sollten Sie sich einen Rüden anschaffen, wenn um Sie herum nur Hündinnen leben oder umgekehrt. Ein ständig liebeskranker Rüde oder die einzige Hündin inmitten einer Schar von Nachbarschaftsrüden bedeuten vorprogrammierten Streß.

In puncto Anhänglichkeit, die für viele zukünftige Hundehalter ein sehr wichtiger Aspekt ist, unterscheiden sich die Geschlechter im großen und ganzen nicht oder nur wenig. Ein Rüde kann ganz genauso schmusig und anlehnungsbedürftig sein wie eine Hündin.

Der Hundekauf

Sie haben sich für den Kauf eines Tibet-Terrier-Welpen entschieden und sind nun auf der Suche nach einem Züchter. Da eine falsche Kaufentscheidung Ihnen nicht nur viel Kummer und Ärger bereiten kann, sondern unter Umständen auch eine Menge Zeit und Geld kostet, sollten Sie die folgenden Seiten aufmerksam lesen, bevor Sie sich auf die Suche nach Ihrem Traumwelpen machen.

Auf den Züchter kommt es an

Der Tibet Terrier gehört zu den Rassen, bei denen man ganz besonders darauf achten muß, daß sie eine gute Vorprägung durch den Züchter erfahren haben. „Prägung" ist ein Begriff aus der Verhaltensforschung. Er bedeutet, daß Erfahrungen, die das Jungtier während der Zeit der Prägungsphase (der Verhaltensforscher Eberhard Trumler bezeichnet hiermit die Zeit zwischen der 4. – 7. Lebenswoche) gemacht hat, eine Weichenstellung für die gesamte weitere Wesensentwicklung bewirken.

Wichtig: Der kleine Tibet-Terrier-Welpe benötigt ab dem Zeitpunkt, wo er seine Umwelt bewußt wahrnimmt und anfängt, aktiv Kontakte außerhalb der Wurfkiste aufzunehmen, sofort intensiven Umgang mit dem Menschen.

Zwinger- oder Stallhunde, bei denen der „Pfleger" nur zwei- oder dreimal täglich zum Füttern oder Saubermachen vorbeischaut, werden sich zwangsläufig an Hunden als Sozialpartner orientieren. Sie werden im späteren Leben nie in der Lage sein, ein so

inniges Verhältnis zum Menschen zu entwickeln wie Hunde, die mit Familienanschluß beim Züchter aufgewachsen sind.

Welpen, die in der Wohnung des Züchters leben durften, haben auch keine Schwierigkeiten, sich bei ihrem neuen Besitzer einzuleben. Alltagsgeräusche wie Fernseher, Staubsauger usw. sind ihnen vertraut und ängstigen sie nicht. Meist sind solche Welpen schon im Interesse des Züchters auch bereits an die Grundregeln der Stubenreinheit gewöhnt, das heißt, sie lassen oft schon erkennen, wenn sie mal müssen.

■■■■ Der Pflegezustand der Zuchttiere und das Verhältnis des Züchters zu seinen Tieren sollten wichtige Kriterien bei der Kaufentscheidung sein

Checkliste **Woran Sie einen guten Züchter erkennen**

♦ *Die Welpen sind zusammen mit ihrer Mutter zu besichtigen*

♦ *Die Hunde wachsen mit Familienanschluß auf*

♦ *Sämtliche Hunde sind neugierig, kontaktfreudig und auch untereinander nicht aggressiv*

♦ *Der Züchter wird von seinen Hunden freudig begrüßt*

♦ *In der Wohnung des Züchters weisen keine Spuren oder Gerüche darauf hin, daß die Welpen (oder gar die erwachsenen Hunde) den Wohnzimmerteppich als Löseplatz betrachten*

♦ *Der gesamte Hundebestand ist gepflegt*

♦ *Der Züchter will seine Welpen in guten Händen wissen und stellt Ihnen daher eine Menge Fragen*

♦ *Er bietet Ihnen an, sich auch bei eventuell später auftauchenden Problemen weiterhin an ihn zu wenden*

Doch wie können Sie einen guten von einem unseriösen Züchter unterscheiden? In der nebenstehenden Checkliste sind die wichtigsten Kriterien aufgelistet, die ein empfehlenswerter Züchter, dem das Wohl seiner Tiere am Herzen liegt, erfüllen sollte.

Der Hundehandel ist keine gute Adresse

Leider darf sich jeder Züchter nennen, der Hunde vermehrt. Es sind aber bestimmt nicht die gewissenhaften Züchter, die den Hundehandel beliefern, sondern die, die mit möglichst wenig Kostenaufwand Welpen produzieren, die sie dann so schnell als möglich loswerden wollen. Die kleinen Vierbeiner wurden in der Regel viel zu früh von ihrer Mutter getrennt. Oft wird dem Interessenten zum Schein irgendeine Hündin als Muttertier präsentiert.

Welpen aus dem Handel haben häufig nicht nur Prägungsdefizite, sondern man läuft auch große Gefahr, ein krankes Tier zu bekommen. Beim Hundehändler sammeln sich nämlich Welpen aus den verschiedensten Quellen an, und es genügen wenige kranke Tiere, um den ganzen Bestand zu infizieren. Wer einen solchen Welpen erwirbt, kann sich in der Regel darauf gefaßt machen, daß gleich in der ersten Zeit nach dem Kauf neben der Sorge um den erkrankten Hund mehr oder weniger „saftige" Tierarztrechnungen notwendig sein werden, um die „Neuerwerbung" wieder in Ordnung zu bekommen. Oft ist leider alles Bemühen umsonst, und der Hund stirbt trotzdem.

Wichtig: Häufig sind die Impfbescheinigungen aus dem Hundehandel mehr Phantasieprodukt als Realität. Es ist daher dringend anzuraten, einen solchen Welpen vorsorglich einem Tierarzt vorzustellen und komplett durchimpfen zu lassen. Ein Zuviel schadet nicht, aber ein ungeimpfter Welpe lebt höchst gefährlich!

Aus diesen und vielen weiteren Gründen kommt ein Kauf im Hundehandel nicht in Frage, es sei denn, Sie „stehen" auf die Herausforderung, einen prägungsgestörten Welpen zu einem familientauglichen Hund zu sozialisieren und kalkulieren dabei das Risiko ein, daß Ihnen dies nie gelingt.

▬▬▬ *Vorführleine*

Grundausstattung

Haben Sie die Möglichkeit, beim Züchter zusammen mit dem Welpen auch die notwendige Grundausrüstung zu kaufen, dann sollten Sie davon Gebrauch machen. Wenn dies nicht der Fall ist, sollten Sie sich das Notwendigste besorgen, bevor der Kleine bei Ihnen einzieht. Einen Überblick über die benötigten Utensilien gibt Ihnen die nachfolgende Checkliste.

Bei der sogenannten Vorführ- oder Ausstellungsleine sind Halsband und Leine in einem gearbeitet. Das ist von Vorteil, weil eine solche Leine praktisch vom Welpen bis zum erwachsenen Hund verwendet werden kann, außerdem paßt sie in jede Hosentasche. Futter- und Wassernapf sollten so schwer sein, daß sie vom Welpen nicht herumgetragen werden können. Beim Futtervorrat stimmen Sie sich bitte vorher mit dem Züchter ab, und füttern in der ersten Zeit das von ihm verwende-

C h e c k l i s t e *Grundausstattung*

- ◆ *2 Metallkämme (1 mit gröberen, 1 mit feineren Zinken)*
- ◆ *3 Bürsten (1 kleine Drahtbürste, 1 Slickerbürste, 1 Naturborstenbürste)*
- ◆ *Liegedecke*
- ◆ *Transportbox*
- ◆ *Futtervorrat*
- ◆ *geeignetes Spielzeug (z.B. geknotete Socken, präparierte Plüschtiere, Kauknochen)*
- ◆ *Stabile Futter- und Wassernäpfe*
- ◆ *Halsband*
- ◆ *Leine (besser Vorführleine)*

te Produkt weiter. Bei abrupter Futter-
umstellung können nämlich Durchfälle
auftreten. Bei Fellpflegemitteln ist vorher ebenfalls der Rat des Züchters ein-
zuholen, er weiß, welche Mittel für die
Rasse oder speziell für Ihren Welpen
am besten geeignet sind. Zum Kämmen brauchen Sie neben zwei Metall-
kämmen (einem grob- und einem fein-
zinkigen) eine kleine Drahtbürste
(ohne Noppen an der Spitze, sonst
reißt man zuviel Haar aus), eine sogenannte Slickerbürste zum Entwirren
kleiner Filzknoten und eine Naturborstenbürste zum Pflegebürsten.
Eine Hundehöhle oder ein Körbchen
erübrigt sich beim Tibet Terrier. Beides
wird selten angenommen, da er sich
seinen Platz spätestens nach dem
Welpenalter selbst auswählt. Meist
bevorzugt er den blanken Boden an
einer kühlen Stelle. Eine Decke oder
ein Hundekissen sind daher ausreichend.

■ *Slickerbürste*

Eine Transportbox hingegen ist eine
sinnvolle Anschaffung. Planen Sie
aber beim Kauf unbedingt bereits die
Erwachsenengröße des Hundes ein!
In seiner Box hat der Tibet Terrier
dann zum Beispiel bei Fahrten mit
dem Auto seinen festen Platz. Schließlich ist es unverantwortlich, seinen
Hund im Auto frei auf Beifahrer- oder
Rücksitz zu transportieren. Auch für
Tierarztbesuche sind diese Boxen
praktisch, so kann man vermeiden,
daß der eigene Hund Boden- oder
Berührungskontakt aufnimmt, was
das Übertragungsrisiko von Infektionskrankheiten drastisch senkt.

■ *Metallkamm*

Der neue Hund zieht ein

Vorbereitungen vor der Ankunft

Tibet-Terrier-Welpen sind unternehmungslustige Energiebündel, vor ihrer Neugier und ihren Zähnen ist fast nichts sicher. Zumindest für die ersten Wochen sollten Sie daher diverse Vorkehrungen treffen, um liebgewordene Einrichtungsgegenstände heil über diese wilde Zeit zu bringen:

■ Da es auch beim vortrainierten Welpen 2–3 Wochen dauern kann, bis er zuverlässig stubenrein ist, sollten Sie die guten Teppichwaren für einige Zeit eingerollt und welpensicher verwah-

■ *Topfpflanzen erwecken immer die Neugier von Welpen. Deswegen ist darauf zu achten, daß giftige Pflanzen (z.B. Weihnachtssterne) nicht in Reichweite des Hundes stehen*

ren. Waschbare, billige Flickenwebteppiche tun es für kurze Zeit auch.

▨ Bis auf den Boden herabhängende Vorhänge werden auf halbe Höhe hochgebunden.

▨ Auf überhängende Tischtücher – sie stellen für einen temperamentvollen Welpen eine unwiderstehliche Herausforderung dar – sollten Sie ebenfalls in den ersten Wochen verzichten.

▨ Auf dem Boden befindliche Kübelpflanzen bringen Sie außer Reichweite des Welpen, denn sie werden mit Vorliebe ausgegraben, der angeknabberte Lieblingsknochen paßt dort viel besser hinein.

▨ Das Benagen von Stromkabeln kann für den Welpen tödlich ausgehen, deswegen muß auch hier eine Lösung gefunden werden, bevor der Welpe einzieht. Steckdosen lassen sich ganz einfach mit Kindersicherungen entschärfen.

▨ Nicht getragenes Schuhwerk oder Ähnliches sollten Sie in der ersten Zeit auch nicht allzu aufreizend herumstehen lassen, solche „Angebote" werden von dem Welpen nur allzu gerne angenommen.

Wichtig: Es gibt Pflanzen, die für den Hund giftig sind, wenn er sie oder Teile von ihnen frißt. Bei Wohnungspflanzen wäre hier die beliebte Dieffenbachia zu nennen; im Garten sind insbesondere Goldregen und die gerade in Mode gekommene Engelstrompete gefährlich.

Die Eingewöhnung des Welpen

Es empfiehlt sich, den Welpen vormittags abzuholen, damit er sich noch bei Tageslicht in der neuen Umgebung orientieren kann.

Auf der ersten Fahrt wird der Welpe am besten von einer Person auf den Schoß genommen (dies ist selbstredend nicht der Fahrer!). Vorsorglich legen Sie am besten eine Decke für den Fall unter, daß sein Frühstück nicht den üblichen Verdauungsweg einhält.

Unser Tip

Nehmen Sie, wenn Sie zum Züchter fahren, um den Welpen abzuholen, eine Kuscheldecke und ein Spielzeug mit. Überlassen Sie beides dem Welpenrudel, bis die Verkaufsformalitäten erledigt sind, damit die Gegenstände den Geruch annehmen. So hat der Kleine im neuen Zuhause gleich etwas Vertrautes, an das er sich halten kann.

Daheim angekommen, ist es am besten, Sie setzen den Welpen erst einmal dort ab, wo er zukünftig immer sein Geschäft erledigen soll. Ist das Gelände nicht eingezäunt, muß der Vierbeiner selbstverständlich an die Leine. Wenn Sie großes Glück haben, löst er sich gleich (unter Lösen versteht man bei Hunden das Absetzen von Kot oder Urin). In der Wohnung bringen Sie den Welpen dann zusammen mit der vom Züchter mitgebrachten Decke und dem Spielzeug in den Raum, den er zuerst kennenlernen soll. Futter und Wasser werden in Sichtweite plaziert. Bedrängen Sie den Welpen jetzt nicht, über kurz oder lang wird er beginnen, die Umgebung zu erkunden. Erst wenn seine Neugier gesiegt hat, können Sie ihn zum Spielen auffordern.

An seinem ersten Tag ist der Kleine vollauf damit beschäftigt, die ihm noch fremde Umgebung zu erkunden. Muten Sie ihm daher nicht zu, auch noch Ihre Nachbarn oder Freunde kennenzulernen, die den Vierbeiner unbedingt bestaunen wollen. Das hat Zeit bis zum nächsten oder übernächsten Tag. Wenn es Ihr erster Hund ist, haben Sie bis dahin auch gelernt, wie man ein Hundebaby korrekt hochnimmt, und können es Ihren Freunden erklären:

Zum Aufnehmen des kleinen Vierbeiners greifen Sie mit der einen Hand stützend unter das Hinterteil, bei Rüden werden dabei die Hoden etwas nach vorne geschoben, damit sie zwischen Hand und Körper nicht gequetscht werden. Die Rute wird zwischen Daumen und Zeigefingeransatz festgeklemmt. Die andere Hand fixiert den Welpen so, daß der Zeigefinger von hinten zwischen die Vorderbeine geschoben wird, Daumen und Mittelfinger drücken rechts und links die Ellenbogen leicht an den Körper. In dieser Haltung haben Sie den Welpen sicher im Griff, die noch weichen Gelenke werden nicht belastet oder gezerrt, und er kann auch bei unvorhergesehenen Bewegungen nicht herunterfallen.

Kurz vor der Schlafenszeit sollten Sie mit dem Welpen noch einmal ausgiebig toben, damit er richtig müde wird. Wenn irgend möglich, sollte er auch noch seine Geschäftchen erledigt haben, denn es gilt, konsequent vom ersten Tag an die Stubenreinheit (siehe auch S. 37) zu trainieren.

Die beste nächtliche Unterbringung für das Hundekind ist eine geräumige Kiste vor Ihrem Bett, in die Sie eine Schlafdecke, Spielsachen, Wasser und Knabberfutter hineingeben. Wenn der Welpe nachts zu fiepsen beginnt, weil

er seine Hundefamilie vermißt, können Sie ihn mit einem Griff beruhigen, ohne daß Sie aufstehen müssen. Lassen Sie dabei aber unbedingt das Licht aus, und nehmen Sie ihn auf keinen Fall heraus. Wenn Sie einmal diesen Fehler machen, wird der Welpe alle naselang „auf der Matte" stehen, und mit Ihrer Nachtruhe ist es vorbei.

Den Kleinen am Anfang neben Ihrem Bett schlafen zu lassen, hat auch den Vorteil, daß Sie sofort mit ihm nach draußen gehen können, wenn er unruhig wird, weil er sich lösen muß.

Kind und Tibet Terrier

Kinder betrachtet der Tibet Terrier als Teil seiner „Herde", und seine Hütehundeigenschaften prädestinieren ihn geradezu als Kinderhund. Werden allerdings seine Geduld und Gutmütigkeit überstrapaziert, dann kann es passieren, daß die Beziehung Kind – Hund irreparabel gestört wird und bleibt.

Wichtig: Kinder unter 4 – 5 Jahren dürfen niemals unbeaufsichtigt mit jungen Hunden alleine gelassen werden. Auch unter Aufsicht sollte man ihnen nicht erlauben, einen Welpen hochzuheben oder herumzutragen.

Grundsätzlich sollten Kleinkinder nur im Beisein eines Erwachsenen mit dem Welpen herumtollen. Die Aufsichtsperson kann dann regulierend eingreifen, wenn das Spiel zu temperamentvoll wird. Welpen können nämlich mit ihren spitzen Zähnchen, auch wenn das nicht böse gemeint ist, ziemlich heftig zupacken, und es wäre schlimm, wenn das Kind den Hund nach entsprechenden Erfahrungen fürchten würde.

Größere Kinder können sich in solchen Situationen selbst helfen, wenn sie von den Eltern behutsam angeleitet wurden. Der Tibet Terrier ist ziemlich hart im Nehmen und verträgt im Spiel auch schon einmal ein paar Knuffe. Wenn es ihm zuviel wird, zieht er sich einfach zurück.

Die beiden wichtigsten Regeln, die Kinder im Umgang mit dem Vierbeiner lernen sollten, sind folgende:

▬ Wenn der Hund nicht mehr spielen will oder schläft, muß er in Ruhe gelassen werden.

▬ Niemals darf der Hund absichtlich geärgert oder gequält werden.

Ertappen Sie Ihr Kind dabei, wie es diese Regeln verletzt, so mussen Sie unverzüglich eingreifen. Bestrafung ist allerdings fehl am Platz, Einsicht muß hier das Lernziel sein!

Kleinkinder sollten nicht unbeaufsichtigt mit Welpen zusammen sein

Um ein Kind für die Bedürfnisse des Hundes zu sensibilisieren, sollten Sie es von Anfang an in die Aktivitäten mit dem Vierbeiner einbeziehen. Es gibt genügend Aufgaben, die auch ein Kind bei der Hundehaltung übernehmen kann. Vermeiden Sie außerdem Situationen, die Eifersucht bei Kind oder Hund auslösen können. Erziehungsmaßnahmen am Hund sollten nur von einem Erwachsenen ausgeführt werden. Kinder sind damit überfordert und neigen leicht zu Übertreibungen.

Wenn Sie beim gemeinsamen Spaziergang dabei sind, dann darf ein Kind den Tibet Terrier natürlich auch mal an der Leine führen. Unbeaufsichtigte Spaziergänge sind allerdings nur dann zu erlauben, wenn Sie sich auf das Kind verlassen können und wenn Sie absolut sicher sind, daß es den Hund auch in Ausnahmesituationen voll im Griff hat. Rein juristisch gesehen fällt Ihnen nämlich die Schuld zu, wenn Ihr Hund sich von einem Kind losreißt und daraufhin zum Beispiel einen Un-

Zwei, die sich mögen...

reinheit oder fehlende Sozialisierung als Ursache nicht auszuschließen sind. Die beste Garantie dafür, daß Ihr Hund mit den übrigen Haustieren friedlich zusammenlebt, haben Sie, wenn er als Welpe beim Züchter bereits andere Tiere kennengelernt hat.

Die gemeinsame Haltung von Katzen und Hunden in einem Haushalt macht im allgemeinen keine Probleme, wenn beide miteinander aufgewachsen sind. Hunde gewöhnen sich auch später noch leicht an eine Katze. Wenn Sie zu Ihrer ausgewachsenen Katze einen Hund dazu kaufen wollen, kann es allerdings Schwierigkeiten geben, denn Katzen sind von ihrer Veranlagung her eher Einzelgänger.

Haben Sie bereits einen Hund und der Tibet Terrier kommt als Zweithund hinzu, kann es zu Schwierigkeiten kommen, wenn es sich bei dem Ersthund um eine Rasse handelt, die zu Aggressionen neigt. Als Junghund wird sich der Tibet Terrier unterwerfen, aber, ist er ausgewachsen, kann es sein, daß er sich effektiv zur Wehr setzt. Besonders bei der Haltung von zwei Rüden kann man vor die Entscheidung gestellt werden, beide Hunde kastrieren zu lassen (siehe S. 78); eine empfehlenswerte Lösung, mit der vermieden werden kann, daß einer der Hunde abgegeben werden muß.

fall verursacht. Als Hundehalter haben Sie die Verpflichtung, Ihren Hund außerhalb Ihres Geländes nur einer Person anzuvertrauen, die ihn zu beherrschen in der Lage ist.

Ein Tibet Terrier als Zweittier?

Einen Tibet Terrier kann man eigentlich problemlos mit Tieren zusammen halten, die kleiner sind als er. Sein Instinkt wird ihn veranlassen, sie zu beschützen. Leider sind auch Fälle bekannt, bei denen das Gegenteil der Fall war. Allerdings erfolgten Unfälle in der Regel mit Tibet Terriern fragwürdigen Ursprungs, so daß zweifelhafte Rasse-

Die Entwicklung vom Welpen zum ausgewachsenen Tibet Terrier

Die körperliche Entwicklung

Das Größenwachstum beim Tibet Terrier ist meist nach ca. 9 Monaten abgeschlossen. Bis es soweit ist, wird Ihr Hund zwischendurch alles andere als gut proportioniert aussehen: Er wächst in unharmonischen Schüben, das heißt, mal ist er hinten oder vorne zu hoch, mal wirkt der Kopf zu klein, der Hals zu lang oder kurz usw. Aber keine Sorge, das gibt sich alles wieder. Die endgültige körperliche Ausreifung, insbesondere den Abschluß der Fellentwicklung, erreicht der Tibet Terrier

Mit ihren 6 Wochen müssen die beiden noch eine Weile beim Züchter bleiben

im Gegensatz zu anderen Kleinhunde-
rassen allerdings oft erst gegen Ende
des vierten Lebensjahres.

Der Übergang vom Milch- zum bleibenden Gebiß vollzieht sich ab einem
Alter von etwa 4 – 5 Monaten. Bei
den meisten Welpen verläuft der Zahnwechsel ohne Schwierigkeiten und fast
unbemerkt. Manchmal findet man
einen ausgefallenen Milchzahn, die
meisten werden aber einfach „mit-
gefressen".

*Im „besten" Flegelalter –
ein halbwüchsiger Tibet Terrier*

Bei einigen Hunden bleiben die Milch-
eckzähne stehen. Wenn es die oberen
sind, ist dies nicht weiter tragisch. Die
unteren sollte man allerdings spätestens dann von einem Tierarzt ziehen
lassen, wenn die nachwachsenden
Eckzähne dieselbe Länge erreicht
haben, sonst können Zahnstellungs-
probleme beim bleibenden Gebiß
auftreten.

Der Wechsel vom Welpen- zum Erwachsenenfell ist nicht wie bei den
meisten anderen Rassen altersabhän-
gig. Beim Tibet Terrier richtet sich dieser noch nach den Jahreszeiten und

erfolgt meist im Frühjahr oder Herbst. Damit fällt der Fellwechsel in eine Altersspanne zwischen 9 und 12 Monaten, je nachdem, wann der Hund geboren wurde.

Wichtig: Während des Fellwechsels neigt der Tibet Terrier für etwa 3 Monate sehr zum Verfilzen, deswegen ist für diesen Zeitraum tägliches Ausbürsten eine absolute Notwendigkeit!

Die Geschlechtsreife erreicht der Rüde mit ca. 5 – 6 Monaten. Der Beginn der Pubertät zeigt sich in ersten Versuchen, beim Wasserlassen das Beinchen zu heben, um Markierungen zum Abstecken des eigenen Territoriums zu hinterlassen. Normalerweise wird nur an Bereichen Urin abgesetzt, die Konkurrenten zugänglich sind; sollte Ihr „Jüngling" dies innerhalb des eigenen Wohnbereiches einmal „vergessen", müssen Sie das Markieren strikt unterbinden, bevor es zur Gewohnheit werden kann.

Hündinnen werden in der Regel ab einem Alter von 9 – 14 Monaten das erste Mal läufig. Abweichungen nach oben und unten sind jedoch möglich. Die erste Hitze ist meist deutlicher ausgeprägt als die nachfolgenden.

Die Wesensentwicklung

Die psychische Entwicklung des Hundes verläuft in verschiedenen Phasen, die der große Verhaltensforscher Eberhard Trumler in seinen langjährigen Studien, intensiv erforscht hat. Vereinfachend lassen sich die ersten Lebensmonate eines Welpen in vier Abschnitte unterteilen (siehe Übersicht auf der nächsten Seite). Die zeitlichen Angaben über die Dauer der einzelnen Entwicklungsphasen können allerdings nur grobe Anhaltspunkte sein, da es rassespezifische Unterschiede gibt, und jeder Hund darüber hinaus individuelle Abweichungen zeigt.

Besonders in der Pubertätsphase klagen viele Hundebesitzer über Probleme mit ihrem Vierbeiner (siehe hierzu auch S. 42–44). Oberstes Gebot für diesen Entwicklungsabschnitt ist, dem Hund gegenüber konsequent die Rudelführung zu behaupten. Er benötigt

Unser Tip:

Die Welpenschule (siehe S. 47) ist eine begrüßenswerte Einrichtung, um die Wesensentwicklung eines Hundes positiv zu beeinflussen.

jetzt klar gesteckte Grenzen. Antiautoritäres Verhalten Ihrerseits wäre demnach völlig fehl am Platz. Im Alter von 15 – 24 Monaten ist die schwierige Zeit der Pubertät dann endlich vorbei.

Die Charakterbildung des Hundes ist abgeschlossen, und jetzt zeigt sich, ob aus dem tapsigen und verspielten Welpen ein verläßlicher vierbeiniger Partner geworden ist.

Die Wesensentwicklung des Welpen

Lebensalter	Entwicklungsphasen	Bedeutung für den Hund
4. – 7. Woche	Prägungsphase	Häufiger und v. a. positiver Kontakt zum Menschen ist jetzt Voraussetzung, um später zu Menschen eine enge Bindung eingehen zu können. In dieser Zeit gemachte Erfahrungen prägen sich oft unauslöschbar ein
8. – ca. 16. Woche	Sozialisierungsphase	Phase hoher Lernbereitschaft; der Welpe sollte mit möglichst vielen Dingen vertraut gemacht werden, die ihm auch als erwachsenem Hund häufiger „begegnen" (z.B. Autofahren)
ab ca. 5. Monat	Jugendphase	In seinen Grundzügen ist der Hund jetzt bereits charakterlich gefestigt
ab ca. 6. – 7. Monat	Pubertät	Flegelalter; der Hund „vergißt" das Gelernte, testet seine Grenzen aus

Erziehung

Die Grundlagen

Das Sozialverhalten des Hundes begründet sich in seiner Veranlagung als Rudeltier. Um den Zusammenhalt im Rudel zu garantieren, gibt es eine klare Hierarchie, an deren Spitze der Rudelführer – das Alphatier – steht. Es dominiert die Meute, und alle anderen Rudelmitglieder haben sich ihm unterzuordnen. In der Menschenfamilie als seinem Ersatzrudel wird der Hund möglicherweise ebenfalls versuchen, die Führungsrolle zu übernehmen. Gelingt es ihm nicht, wird er sich aber auch unterordnen, ohne daß er dies als negativ empfindet. Es ist daher wich-

Lob und Belohnung sind die effektivsten Erziehungsmittel

tig, daß Sie Ihrem Hund von Anfang an klarmachen, daß er der Rangniedrigste im Familienrudel ist.

Da der Hund nur aus Erfahrung lernen kann, orientiert er sich an Ihren Reaktionen auf sein Tun. So können Sie eine bestimmte Verhaltensweise von ihm durch Lob fördern oder durch Tadel unterdrücken. Je deutlicher Sie ihm Ihre Zustimmung oder Ablehnung zeigen, desto leichter kann er sein Verhalten danach ausrichten.

Wichtig: Der Hund kann sich die Reihenfolge seiner Handlungen nicht merken, er wird Ihre Reaktionen auf sein Verhalten daher immer nur auf das beziehen, was er unmittelbar zuvor getan hat.

Ein Beispiel zur Verdeutlichung: Ihr Hund möchte aus einem Zimmer, die Tür ist verschlossen. Um Ihnen seine Absicht verständlich zu machen, kratzt er an der Tür (was er natürlich nicht darf). Wenn Sie ihm die Tür jetzt öffnen und ihn hinauslassen, wertet er dies als Erfolg und damit als Belohnung für sein Verhalten. Wie verhalten Sie sich richtig? Sie bestrafen sein Verhalten mit „Pfui", damit weiß er, daß es nicht erwünscht ist, daß er an der Tür kratzt. Er wird dann vielleicht an der Tür winseln. Wenn Sie dies als zukünf-

tiges Zeichen von ihm akzeptieren können, dann machen Sie ihm jetzt die Tür auf.

Wichtig: Damit Sie für den Hund „berechenbar" sind, muß Ihre Reaktion auf ein bestimmtes Verhalten von ihm immer gleich ausfallen. Inkonsequenz verunsichert den Hund. Ständige Inkonsequenz kann man – drastisch formuliert – sogar als Tierquälerei bezeichnen.

Lob und Tadel

Wenn der Hund sich in gewünschter Weise verhält, müssen Sie ihn stets dafür loben. Das kann durch Worte oder durch Streicheleinheiten geschehen. Den Grad Ihrer Zustimmung können Sie durch Abstufungen in Ihren Begeisterungsbekundungen zum Ausdruck bringen. Der Hund ist sehr gut in der Lage, diese Unterschiede zu erkennen, denn er reagiert darauf entsprechend mit leichtem Schwanzwedeln bis hin zu Freudentänzen. Unerwünschtes Verhalten drücken Sie mit kurzen, deutlichen Worten wie „Pfui" oder „Nein" aus. Auch hier sollten Sie den Grad Ihrer Verärgerung mit dem Tonfall und der Lautstärke zum Ausdruck bringen. Ein schuldbewußter Blick des Hundes bestätigt Ihnen, daß der Tadel „angekommen ist".

Härtere Maßnahmen wie energisches Schütteln im Nackenfell – dies trifft Ihren Tibet Terrier übrigens härter als der sonst so bewährte Schnauzengriff – oder gar ein Klaps sollten Sie nur dann ergreifen, wenn bekannte Verbote übertreten oder der Hund sich durch sein Verhalten in eine gefährliche Situation gebracht hat. Werden diese Sonderstrafen nämlich zu häufig angewendet, verlieren sie ihre abschreckende Wirkung.

Richtig eingesetzt, prägen sie sich dem Hund als Schockerlebnis unauslöschlich ins Gedächtnis ein und verhindern so sehr wirkungsvoll eine Wiederholung. Im übrigen reagiert der Tibet Terrier sehr sensibel auf Schläge. Man sollte sie daher wohlüberlegt und dosiert einsetzen, sonst wird er bockig, und dann geht bei ihm überhaupt nichts mehr.

Stubenreinheit

Ein Tibet-Terrier-Welpe sollte von Anfang an nach draußen gewöhnt werden. Die Katzentoiletten- oder Zeitungspapierlösung ist bei so großen Welpen nicht zu vertreten.

Von Natur aus ist beim Welpen nach längerem Schlaf oder nach den Mahlzeiten für Darm und Blase „Entleerung" angesagt, weshalb dies die geeigneten Momente sind, mit dem Kleinen nach draußen zu gehen.

Morgens heißt es daher am besten möglichst umgehend: Raus aus dem Bett – Mantel über den Schlafanzug – Hund auf den Arm – hinaus in den Garten! Dort angekommen, fordern Sie den Welpen mit Worten wie „Pipimachen", „Gassigehen" o.ä. auf, sich zu lösen. Wenn sich ein Erfolg einstellt, sofort loben und größte Begeisterung zeigen. Vielleicht befindet sich in Ihrer Manteltasche zufällig ein Belohnungshäppchen, jetzt wäre genau der richtige Moment dafür.

Wichtig: Morgens muß der Welpe stets ein großes und ein kleines Geschäft erledigen. Gehen Sie also erst wieder zurück in die Wohnung, wenn beides erfolgt ist.

Da die Blase des Hundes anfangs noch sehr klein ist, muß er wahrscheinlich auch nachts noch einmal nach draußen. Tagsüber können Sie sich auf einen ca. dreistündigen Rhythmus einstellen. Nach der Nahrungsaufnahme kann es ein bißchen länger dauern, bis der Kleine zur Sache kommt, aber lieber zu früh im Garten als zu spät. Auch wenn der Nachbar Sie belächelt, halten Sie durch, denn wenn Sie am

Ball bleiben, dürfte bereits nach einer Woche das Problem Stubenreinheit keines mehr sein.

„Geschäftchen zwischendurch" kündigt der Welpe durch aufgeregtes Suchschnüffeln am Boden und sich im Kreisdrehen an. Sagen Sie dann sofort „Pfui". Dadurch erschrickt der Hund und hält sein Bedürfnis wahrscheinlich solange zurück, bis Sie mit ihm im Freien sind.

Wenn doch einmal in der Wohnung ein Malheur passiert sein sollte, schimpfen Sie den Welpen kräftig aus, wenn Sie ihn direkt dabei erwischen. Wenn Sie später dazukommen, wischen Sie das Unglück am besten kommentarlos auf, denn Ihren Tadel könnte er im Nachhinein nicht mehr mit seiner Missetat in Verbindung bringen. Im übrigen gilt: Es gibt keine unsauberen Hunde – nur bequeme und nachlässige Besitzer.

Leinenführigkeit

Wenn Sie den Welpen vom Züchter abholen, sollten Sie ihm gleich ein Halsband umlegen. Bei all den neuen Eindrücken, die seine ganze Aufmerksamkeit erfordern, wird er das Bändchen wahrscheinlich gar nicht bemerken. Der günstigste Moment, die Leine daran festzumachen, ist entweder bevor er seine Mahlzeit bekommt oder die große Spielstunde beginnt. Lassen Sie ihn anschließend ruhig die Leine eine Weile hinter sich herziehen. So gewöhnt er sich am besten an das ungewohnte Etwas. Wenn er sich einigermaßen frei damit bewegt, können Sie das Leinenende vorsichtig anheben und versuchen, ihn mit einem Leckerbissen neben sich herzulocken.

Wenn es irgend möglich ist, sollten Sie den Welpen erst dann an der Leine ins Freie bringen, wenn er zuhause einigermaßen leinensicher ist. In den ersten Tagen können Sie ihn dann die Richtung bestimmen lassen, damit er nicht das Gefühl bekommt, daß die Leine ihn in seiner Bewegungsfreiheit einschränkt. Natürlich darf dies kein

Die Roll- oder Flexileine läßt einem Hund, der noch nicht zuverlässig gehorcht, eine gewisse Bewegungsfreiheit

Dauerzustand werden, denn Sie führen den Hund spazieren, nicht umgekehrt.

So früh wie möglich gilt es auch, den Junghund an das korrekte Bei-Fuß-Gehen zu gewöhnen. Dabei soll er sich an Ihrer linken Seite bewegen, sein Widerrist bleibt immer hinter Ihrem Knie. Zieht Ihr Tibet Terrier weiter nach vorne, wird er mit einem kurzen Ruck an der Leine und dem gleichzeitigen Kommando „bei Fuß!" zurückgehalten. Wiederholen Sie die Übung so oft, bis der Hund gehorcht, dann wird gelobt und gestreichelt.

Wichtig: Erst wenn Ihr Tibet Terrier die Kommandos „Komm!" und „Bei Fuß!" sicher beherrscht, darf er im Freien von der Leine gelassen werden!

Die wichtigsten Kommandos

Unterordnung läßt sich – zumindest in vollendeter Ausführung – mit einem Tibet Terrier nicht oder nur schwer praktizieren. Das eigentliche Problem dabei ist jedoch nicht, daß der Tibet Terrier die Kommandos nicht begreift. Die Schwierigkeiten liegen vielmehr im zweiten Teil der Übung, wenn es darum geht, zum Beispiel die Position

„Sitz" oder „Platz" bis zur Aufhebung des Befehls einzuhalten. Nur allzugern entscheidet er lieber selbst, wann der geeignete Moment zum Aufstehen gekommen ist. Trotzdem gibt es auch Tibet Terrier, die die Begleithundprüfung erfolgreich absolvieren. Aber selbst wenn Sie mit Ihrem Hund keine so hohen Ziele haben, so muß er doch zumindest die Grundkommandos beherrschen. Das Training sollte zu Anfang immer aus Spielsituationen heraus erfolgen. Freude ist ein wichtiges Hilfsmittel zum guten Gelingen. Das Einüben eines Kommandos darf keinen Dressurcharakter annehmen, denn damit erreichen Sie bei einem Tibet Terrier überhaupt nichts. Das Zaubermittel ist „loben", verzichten Sie bei den Übungen auf Strafe. Die Übungszeiten müssen kurz sein, fünf, maximal zehn Minuten.

Wichtig: Wenn Sie bemerken, daß die Aufmerksamkeit Ihres Hundes nachläßt, brechen Sie das Training nach Ausführung der begonnenen Übung ab. Bestehen Sie aber immer darauf, daß ein einmal gegebenes Kommando ausgeführt wird.

„Komm!"
Schon vom ersten Tag an sollten Sie den Welpen mit diesem Kommando

konfrontieren. Am besten, Sie verwenden „Komm!", wenn der Welpe sowieso schon auf dem Weg zu Ihnen ist. Loben Sie ihn dann ausgiebig, wenn er bei Ihnen angekommen ist. Eine weitere Möglichkeit ist die, ihm sein Lieblingsspielzeug oder einen Leckerbissen zu zeigen und ihn dann mit einem „Komm!" aufzufordern, sich den Gegenstand bei Ihnen abzuholen. Einmal angekommen, wird er gelobt und erhält das Gezeigte.

Unser Tip:

Wenn Sie seinen Namen vor den Befehl setzen, erhöht das die Aufmerksamkeit des Hundes.

Im Freien üben Sie das Kommando am besten, wenn Sie den Kleinen an einer langen Flexleine angebunden haben. Sie lassen ihn ein Stück von sich weggehen, rufen ihn dann bei seinem Namen und sagen „komm!". Wenn er nicht kommt, hilft oft ein Trick: Gehen Sie einfach in die Hocke. Das Sehvermögen des Hundes ist nicht so gut ausgebildet wie unseres. Kleiner bedeutet für ihn „weiter weg", und er wird es daher wahrscheinlich eilig haben, in Ihre Nähe zu kommen. Wenn auch das nicht funktioniert, ziehen Sie ihn Stück

für Stück näher an sich heran und geben zwischendurch das Kommando immer wieder neu. Ist er schließlich bei Ihnen angekommen, wird er genauso gelobt, als wäre er von selbst gekommen.

Wichtig: Die Ausführung des Kommandos „Komm!" muß dem Hund immer angenehm sein. Machen Sie nie den Fehler, Ihren Tibet Terrier herbeizurufen, um ihn dann für eine zuvor begangene Untat zu bestrafen. Er würde unweigerlich den Tadel auf sein Kommen beziehen und sich das nächste Mal gut „überlegen", ob er nochmals Ihrem Befehl folgt.

„Sitz!" und „Platz!"

Sie beginnen mit dem Einüben des Kommandos „Sitz!" am besten, wenn der Welpe sich schon etwas ausgetobt hat (ein energiegeladener Welpe ist naturgemäß nicht sonderlich aufnahmebereit), aber noch nicht völlig müde ist. Sie sagen „Sitz!" und drücken sein Hinterteil sanft aber bestimmt herunter. Gleichzeitig halten Sie mit der anderen Hand sein Köpfchen oben. Er muß die Stellung einige Sekunden halten, danach wird er gelobt und belohnt. Wiederholen Sie die Übung mehrmals täglich, trainieren Sie am Anfang aber nie länger als 5 Minuten.

Dieser Tibet Terrier hat schon viel
gelernt! Die Kommandos „Sitz!" bzw.
„Platz und bleib!" befolgt er tadellos

Später können Sie versuchen, die
Übung auf „Sitz und bleib!" zu erwei-
tern. Dafür muß sich der Hund setzen
und in dieser Stellung verharren, bis
mit „Auf!" oder „Komm!" der Befehl

wieder aufgehoben wird und er wieder
aufstehen darf. Anfangs reicht es völlig,
wenn er einige wenige Sekunden
sitzen bleibt, dann wird die Verweil-
dauer langsam ausgedehnt. Sobald sich
der Hund vorzeitig erheben möchte,
wird sein Hinterteil sofort wieder zusammen mit einem „Bleib!" herunter-
gedrückt. Ziel des Kommandos ist,
daß Ihr Tibet Terrier selbst dann den
Befehl „Sitz und bleib!" ausführt,
wenn Sie sich von ihm weg bewegen.
Wie vorher bereits erwähnt, stellt das
perfekte Gelingen dieses Befehls bei
dieser Rasse eine ganz spezielle Herausforderung dar.
Für die „Platz!"-Übung drücken Sie
ebenfalls wie beim Kommando „Sitz!"
das Hinterteil des Hundes nach unten,
ziehen dann aber zusätzlich die Vorderpfoten nach vorne, so daß der
Hund mit seiner Brust den Boden
berührt. Anstelle von „Sitz und bleib"!
können Sie dem Hund natürlich auch
„Platz und bleib!" beibringen.

„Aus!" oder „Pfui!"

Verbote erteilen Sie Ihrem Tibet Terrier
mit einem deutlichen „Aus!" bzw.
„Pfui!". Auf dieses Kommando muß
der Hund zum Beispiel alles hergeben,
was er im Fang hat. Der Befehl wird
am besten bereits im frühen Welpenalter mit Kauknochen oder Spielzeug

geübt. Gerade junge Hunde nehmen nämlich öfter einmal etwas auf, was ganz und gar nicht für sie geeignet ist, und dann ist es sehr hilfreich, wenn man es ihnen problemlos wieder abnehmen kann.

Dominanzverhalten

Bis Ihr Tibet Terrier endgültig akzeptiert hat, daß er in seinem Familienrudel der Rangniedrigste ist, wird es zwischendurch immer wieder Phasen geben, in denen er versucht, die Rangordnung zu seinen Gunsten zu ändern. Die kritischste Zeit ist das Erreichen der Geschlechtsreife. Insbesondere der selbstbewußte Rüde mit Führungsqualitäten wird sich dann instinktgemäß gegen Ihre Befehle auflehnen. Erste Anzeichen sind Ungehorsam, Ignorieren von Anordnungen oder Verteidigung von Liegeplatz und Spielsachen. Sollte seine Auflehnung soweit gehen, daß er Sie anknurrt, so hilft nur ein sofortiger, energischer Klaps, begleitet von einem scharfen „Pfui!". Danach rufen Sie den Hund zu sich her und lassen ihn Gehorsamsübungen mit „Aus!" durchexerzieren, wobei er etwas hergeben muß, von dem er sich ungern trennt. Diese Demonstration Ihrer Macht wird ihn sehr schnell wieder auf den Boden der Tatsachen zurückbringen.

Innerhalb einer Familie wird der Tibet Terrier nicht gleich die Rudelführung anstreben, sondern versuchen, sich aufsteigend vom schwächsten Familienmitglied, nach oben durchzusetzen. Sehr kleine Kinder, die seinen Beschützerinstinkt noch ansprechen, sind davon nicht betroffen. Meist sind es ältere Kinder oder manchmal auch Erwachsene, vor denen er nicht den gebotenen Respekt hat. Hier gilt es, dem Hund sehr schnell zu der Erkenntnis zu verhelfen, daß auch solche Personen in der Rangordnung unbedingt über ihm stehen. Eine wirksame Methode, um ihm das zu verdeutlichen, besteht darin, daß er seine gewohnten Mahlzeiten nicht mehr in den Napf erhält, sondern von der Person gefüttert wird, die das Ziel seiner

Machterprobung ist. Dabei muß er sie förmlich um jeden Bissen bitten, den er jeweils erst dann bekommt, wenn er dafür eine Gehorsamsübung geleistet hat. Auf diese Weise erkennt der Hund schon nach kurzer Zeit und ohne jede Gewaltanwendung, wie es sich mit seiner Abhängigkeit von jedem einzelnen Familienmitglied verhält.

Die Hausordnung

Jeder Familienhund muß so erzogen sein, daß er sich in die häusliche Gemeinschaft einfügt und das Zusammenleben mit ihm reibungslos verläuft. Von Anfang an sollten Sie nicht erwünschte Verhaltensweisen verbieten:

1. Dauerkläffen: Besonders unangenehm kann das Kläffen sein, wenn man direkte Nachbarn hat. Das Bellen ist zwar eine Verständigungsart des Hundes und ihm deswegen auch nicht gänzlich abzugewöhnen – abgesehen davon, daß es in gewissen Situationen durchaus erwünscht ist –, es läßt sich jedoch auf notwendige Anlässe beschränken. Dauerkläffen muß verboten sein. Bereits im Welpenalter, wenn der Hund im Verlauf eines Spiels zu laut wird, wird es sofort unterbrochen. Mit der rechten Hand umfassen Sie seinen Fang und sagen kurz und scharf

„Aus!". Bellt der Hund nach dem Loslassen weiter, wiederholen Sie die Maßnahme. Ist er still, wird er gelobt, und kurze Zeit später können Sie das Spiel wieder aufnehmen. Bis der Welpe sein Bellen mit dem Aus-Befehl in Verbindung bringt, werden eine Reihe von Wiederholungen notwendig sein, aber wenn er es einmal begriffen hat, können Sie ihn auch in jeder beliebigen anderen Situation damit abrufen.

2. Anspringen: Sie sollten Ihren Hund von vorneherein daran hindern, an Menschen hochzuspringen. Abgesehen davon, daß Kinder oder gebrechliche Personen der Kraft eines anspringenden Tibet Terriers nicht standhalten könnten, hinterläßt ein regennasser Hund auf der Kleidung unschöne Begeisterungsspuren. Deswegen wird bereits beim Spiel mit dem Welpen Anspringen mit einem energischen „Pfui!" oder „Aus!" bestraft und der Hund durch Druck mit der Hand auf den Widerrist in Steh-Stellung gehalten. Wenn er beim Loslassen nicht mehr hochspringt, wird er gelobt.

3. Stehlen: Es muß Hunden absolut verboten sein, Gegenstände oder Nahrungsmittel von Tischen oder Schränken zu holen. Der erste Schritt, ihnen dieses Tabu beizubringen, ist, daß sie Tisch- oder Schrankoberflächen noch

4. Betteln: Das Betteln ist eine sehr lästige Angewohnheit. Ihr Hund wird aber erst gar nicht damit anfangen, wenn er nie die Erfahrung macht, daß ihm vom Tisch etwas gereicht wird.

5. Benagen von Einrichtungsgegenständen: Die Wohnungseinrichtung sollte für den Hund kein Spielzeug darstellen. Das Anknabbern von Tisch- und Stuhlbeinen müssen Sie ihrem Tibet Terrier daher von vornherein konsequent verbieten. Bittersprays oder ähnliche Abwehrmittelchen sind nur eine halbherzige Lösung. Der Hund soll seine eigenen Spielsachen und Kaugegenstände haben, von anderen

nicht einmal berühren dürfen. Sobald Ihr Tibet Terrier also seine Vorderpfoten aufsetzt, klopfen Sie ihm sofort mit der flachen Hand darauf, begleitet von einem energischen „Pfui!". Neben der Tatsache, daß er so lernt, daß es verboten ist, bringt er das Berühren von Tischen und Schränken gleichzeitig mit Schmerz in Verbindung, eine äußerst wirksame Kombination. Er muß auch lernen, daß er nichts wegnehmen darf, was erhöht steht, wehren Sie hier also immer sofort ab.

Auch wenn es lustig aussieht: Man sollte nie einen Hund zum Anspringen animieren!

Dingen hat er ganz einfach die Zähne zu lassen. Es ist nebenbei bemerkt auch alles andere als appetitlich, wenn Kind und Hund im Wechsel das gleiche Spielzeug im Mund haben.

Wichtig: Sollte sich Ihr Tibet Terrier trotz entsprechender Erziehungsmaßnahmen ständig an Teppichen, Tapeten oder Möbelstücken vergreifen, liegt eine Verhaltensstörung vor. Diese hat ihren Ursprung in Haltungsfehlern: Der Hund wird zu häufig und zu lange alleine gelassen und hat Langeweile. Strafen ist da zwecklos, hier muß die Ursache beseitigt werden. Solche Hunde brauchen Beschäftigung, ausreichende Bewegung und Zuwendung. Dann müssen sie sich kein Notventil für ihre ungenutzte Energie schaffen!

Natürlich sollte sich nicht nur der Hund, sondern auch der Hundebesitzer an gewisse Regeln halten. Nämlich dann, wenn es darum geht, Rücksicht auf Mitmenschen zu nehmen, die die Begeisterung für Hunde nicht teilen. Manche fürchten sich sogar vor den Vierbeinern, auch vor kleinen, und so sollte es Ihnen selbstverständlich sein, Ihren Tibet Terrier in Wohngegenden angeleint zu führen. Bei Begegnungen in freiem Gelände müssen Sie den Hund zu sich herrufen, denn wenn er sichtlich folgsam ist, wirkt er schon gleich viel weniger angsteinflößend. Der Ratschlag, daß Hunde sich in der Bordsteinrinne lösen sollen, kann leider nicht immer befolgt werden: Welcher Hund hat dazu schon die Nerven, wenn nur wenige Zentimeter daneben Autos vorbeirasen? Dies kann jedoch keine Ausrede dafür sein, daß Bürgersteige verschmutzt werden. Nicht nur der drohende Bußgeldbescheid sollte einen Hundehalter dazu veranlassen, den Kot seines Vierbeiners zu beseitigen, wenn es einmal „passiert" ist. Und es ist auch wirklich nicht notwendig, daß eine liebevoll gepflegte Blumenrabatte Ihrem Tibet Terrier als Pipiwiese dient. Ebenso versteht es sich von selbst, daß Kinderspielplätze oder Sandkästen als Löseplatz von vorneherein tabu sind.

Lernen in der Gruppe

In den letzten Jahren hat es sich zunehmend durchgesetzt, daß Hundeplätze nicht nur der „Elite" der Schutzhunde vorbehalten sind. Mittlerweile findet dort jeder Hundebesitzer, der seinen Vierbeiner über die häusliche Erziehung hinaus ausbilden oder mit ihm Sport machen möchte eine Vielzahl von Möglichkeiten. Auch für den Welpen gibt es bereits sehr sinnvolle Einrichtungen.

Ein wichtiges Ziel der Ausbildung oder Beschäftigung des Hundes in einer Gruppe ist es, ihm Kontakte zu seinen Artgenossen zu ermöglichen. Besonders das Sozialverhalten bei Begegnungen mit anderen Hunden auf der Straße wird durch Erfahrungen vom Hundeplatz gefördert und in die richtigen Bahnen gelenkt. So wird auch Ihr Tibet-Terrier-Rüde, wenn Sie mit ihm regelmäßig Sport im Verein betreiben, ein wesentlich entspannteres Verhalten an den Tag legen, wenn er beim Spaziergang auf einen anderen Rüden trifft. Im Nebeneffekt können auch Sie Bekanntschaften mit Gleichgesinnten knüpfen und dadurch wertvolle Informationen austauschen.

Im folgenden werden einige Möglichkeiten, wie man mit seinem Hund im Verein aktiv werden kann, näher vorgestellt. Daneben gibt es aber noch eine Reihe anderer Modelle und viele neue werden in Zukunft mit Sicherheit noch dazukommen. Informationen darüber sind über die örtlichen Tierschutzvereine oder den Deutschen Hundesportverband (Adresse im Anhang) erhältlich.

Wichtig: Bei den nachstehenden Angeboten spielt es keine vorrangige Rolle, ob der Hund letztendlich die Prüfungen erfolgreich besteht. Viel wichtiger ist, daß er Spaß hat, artgerecht beschäftigt ist und die Beziehung Hund/Mensch vertieft wird.

Die Welpenschule

Wenn Ihr Welpe ca. 12 Wochen alt ist und seinen vollständigen Impfschutz erhalten hat, dann können Sie mit ihm eine Welpenschule besuchen (natürlich können Sie aber auch später noch einsteigen). Die Welpenschule kann man ruhig als eine Art Vorschule für Hundekinder bezeichnen. Veranstalter ist in der Regel der örtliche Tierschutzverein, eine Hundeschule oder der ortsansässige Hundesportverein. Meist einmal wöchentlich dürfen die Junghunde dort ausgelassen mit anderen Hunden herumtoben. Auf diese Weise werden die Welpen optimal sozialisiert, das heißt, sie lernen sich im Umgang mit Artgenossen richtig zu verhalten. Hunde, die eine Welpenschule besucht haben, werden später kaum Probleme bei Begegnungen mit anderen Hunden haben. Außerdem werden die Hundekinder auch mit verschiedenen Umweltreizen und Geräuschen vertraut gemacht, damit sie sich später nicht mehr so schnell erschrecken.

Sinnvollerweise findet eine Aufteilung der Vierbeiner ihrem Alter entsprechend in verschiedene Gruppen statt. Aufgrund der verschiedenen Rassen kann zwar die Körpergröße recht unterschiedlich sein, der „geistige" Entwicklungszustand der Hunde ist aber ziemlich gleich. Ab einem Alter von etwa 6 Monaten werden dann kleine Unterordnungsübungen eingeführt, die aber jeweils nur 5 – 10 Minuten dauern und für die Hunde völlig streßfrei ablaufen, da ausschließlich mit Lob gearbeitet wird.

Von einer Welpenschule profitiert nicht nur der Hund, der eigentliche Gewinner ist der Besitzer: Erfahrene Kursleiter erkennen Erziehungsfehler und weisen darauf hin. So können falsche Verhaltensweisen im Umgang mit dem Hund frühzeitig korrigiert werden. Auch für Kinder und Jugendliche sind diese Kurse sehr zu empfehlen. Denn kommen die Ratschläge, wie sie mit ihrem vierbeinigen Freund umgehen sollen, von einem „Profi", dann werden sie eher befolgt, als wenn die Eltern die Anweisungen geben.

In der Welpenschule gibt es viele ungewohnte Dinge zu entdecken, das stärkt das Selbstbewußtsein!

Aus der Schweiz stammt noch eine weitere, als Welpen- oder Prägungs- spieltage bezeichnete Einrichtung. Auch hier wird – wie in der Welpen- schule – die Sozialisierung groß ge- schrieben

Ausbildung zum verkehrs- sicheren Begleithund

Diese Ausbildung hat zwei Schwer- punkte: zum einen die Unterordnung, d.h. das Trainieren von Gehorsams- übungen wie „Sitz!", „Platz!", „Bleib!" etc., zum anderen das korrekte Ver- halten des Hundes im Straßenverkehr. In der Verkehrserziehung lernt der Hund zum Beispiel, sich in Men- schenansammlungen angstfrei neben seinem Besitzer zu bewegen. Weitere Lernziele sind, entgegenkommende Hunde, Jogger oder Radfahrer zu ignorieren, auch wenn er irgendwo abgelegt wird. Weglaufende Personen darf er nicht verfolgen, und in fremde Autos einsteigen, ist ebenfalls tabu. Darüber hinaus lernt der Hund in die- sem Ausbildungsgang auch, jedesmal vor dem Überqueren einer Straße an der Gehsteigkante anzuhalten und sich zu setzen, bis ihn der Besitzer zum Weiterlaufen auffordert. Die Ausbildung zum verkehrssicheren Begleithund ist Vorbedingung für die Schutzhundausbildung (sie kommt für

den Tibet Terrier als Hütehund aller- dings nicht in Frage!) und für einige Großhunderassen Voraussetzung für eine Zuchtzulassungsprüfung. Sie ist grundsätzlich aber allen Hunden und ihren Besitzern sehr zu empfehlen. Selbst wenn Sie auf die am Ende der Ausbildung stehende Prüfung keinen Wert legen, so wirkt sich das Training im Alltag unbedingt positiv aus. Die Ausbildung zum Begleithund setzt eine Mitgliedschaft in einem Hunde- sportverein voraus.

Team Test

Der Team Test wird inoffiziell auch „Hundeführerschein" genannt. Ein solcher wird ja vor allem für große Hunderassen in der Öffentlichkeit im- mer wieder gefordert. Das Grund- schema entspricht der Begleithund- ausbildung, allerdings steht das Einüben der Verkehrssicherheit des Hundes im Vordergrund. Auf das Trai- ning auf dem Hundeplatz wird etwas weniger Wert gelegt. Die Team Test-Ausbildung setzt keine Mitgliedschaft in einem Hundesport- club voraus.

Die immer wieder einmal laut wer- denden Stimmen, Hundebesitzer steuerlich zu begünstigen, wenn ihr Vierbeiner den Team Test oder die

Begleithundausbildung erfolgreich abgeschlossen hat, sollte jeder Hundehalter unterstützen. Denn wenn ein Großteil unserer Hunde entsprechend professionell „geführt" würde, hätten die Vierbeiner mit Sicherheit ein besseres Image in der Öffentlichkeit.

Agility

Bei Agility durchlaufen Hund und Hundeführer zusammen einen Parcours, auf dem bis zu 15 Hindernisse (Tunnel, Wippe, Schrägwand, Hochsprung, Slalom usw.) aufgestellt sind. Bewertet werden Schnelligkeit und korrektes Überwinden der einzelnen Hindernisse. Voraussetzung für die erfolgreiche Teilnahme an diesem Sport ist ein guter Grundgehorsam des Hundes, denn der Vierbeiner wird nur über die menschliche Stimme dirigiert. Da Hund und Besitzer den Parcours zusammen bewältigen müssen, wird gleichermaßen die Fitneß von beiden gefördert.

Agility hat in den letzten Jahren immer mehr Anhänger gefunden, und mittlerweile gibt es bereits nationale und sogar internationale Turniere. An solchen Turnieren teilnehmen dürfen allerdings nur Hunde, die die Begleithundprüfung erfolgreich absolviert haben.

Die Schrägwand ist eines von vielen Agility-Hindernissen

Haltung und Pflege

Der Bewegungsbedarf

Tibet Terrier, die nicht genügend Auslauf erhalten, werden unausgeglichen und ruhelos; im Extremfall können Anfälle von Zerstörungswut oder Aggressionen auftreten. Der Tibet Terrier ist äußerst bewegungsfreudig. Bloßes „Promenieren an der Leine" kann sein Laufbedürfnis nicht befriedigen. Am besten täglich, aber mindestens jeden zweiten Tag ist ein ausgiebiger Spaziergang angesagt, bei dem sich der Hund ungehindert und ohne Leine austoben kann. Prima ist es, wenn Ihr Hund mit einem anderen Vierbeiner um die Wette rennen darf. Sie sollten sich daher mit einem Hundebesitzer aus Ihrer Nachbarschaft zusammentun. Monotone Bewegungsabläufe, wie zum Beispiel angebunden neben dem Fahrrad herzulaufen, sind für Ihren „Tibeter" zwar besser als überhaupt kein Auslauf, aber es geht nichts über die freie Bewegung. Denn nur so wird sein ganzer Bewegungsapparat trainiert, und nur so kann er seine Umwelt richtig erleben. Das Arbeiten auf dem Hundeplatz (siehe auch S. 49 f.) dürfte ein Höhepunkt für jeden Tibet Terrier darstellen. Die Rasse ist jedoch auch ein vorzüglicher Begleiter für Jogger, und bei ausgedehnten Bergwanderungen ist dieser Hund natürlich ganz in seinem Element.

Die Pflege

Trotz seines dichten Felles leidet der Tibet Terrier im Sommer nicht unter der Hitze, denn die Unterwolle schützt ihn nicht nur gegen die Kälte, sondern

Ein Tibet Terrier braucht Auslauf – bei jedem Wetter!

isoliert auch gegen Wärme. Es wäre also falsch, das Haar im Sommer zu kürzen, wie es von manchen „wohlmeinenden" Besitzern leider häufig gemacht wird.

Wichtig: Nach Wiesen- oder Waldspaziergängen sollten Sie das Fell Ihres Hundes nach Kletten, kleinen Ästchen und ähnlichem durchsuchen. Alles was sich in seinem langen Haar verheddert, kann nämlich schnell zur Filzbildung führen.

Wie bereits mehrfach betont, handelt es sich beim Tibet Terrier um eine Rasse, bei der die Fellpflege recht aufwendig ist. Leider machen viele Besit-

So entspannend muß Fellpflege beim Welpen sein

zer dieser Hunde aber den Fehler, ihren Vierbeiner nicht bereits im Welpenalter an die nötigen Pflegemaßnahmen zu gewöhnen. Auch wenn es beim Welpen nicht unbedingt erforderlich ist, sollten Sie ihn trotzdem jeden Tag kurz durchkämmen. Die Bürstenstriche sind dabei wie Streicheleinheiten einzusetzen, damit der Kleine sie als angenehm empfindet. Gewöhnen Sie ihn auch gleich von Beginn an daran, die später nötigen Rücken- und Seitenlagen einzuhalten. Den kleinen Welpen können Sie anfangs auf dem Schoß bürsten, später sollte er einen festen Pflegeplatz haben. Dies muß nicht gleich ein professioneller Kämmtisch sein, ein kleiner Tisch mit einer rutschfesten Gummiunterlage erfüllt denselben Zweck. Sie beginnen am besten mit dem Hund in der Rückenlage, wobei Sie sich von Bart, Kehle und Vorderlaufinnenseiten über Brust, Bauch und Hinterlaufinnenseiten bis hinunter zu den Pfoten durcharbeiten. Dann legen Sie den Hund in die Seitenlage und bürsten ihn, beginnend an der Hinterpfote Haarlage für Haarlage von unten nach oben durch. An den Sitzbeinhöckern arbeiten Sie sich auf die gleiche Weise von hinten nach vorne bis zum Kopf durch. Danach kommt die andere Seite. Zum Schluß bürsten Sie Ihren Tibet Terrier nochmals im Stand durch, ziehen den Rückenscheitel nach und enden mit der Rute.

Beim kurzen Welpenfell reicht es aus, wenn Sie das Haar wie beschrieben durcharbeiten und anschließend kurz mit einem groben Kamm nochmals kämmen. Beim Erwachsenenfell mit Unterwolle müssen Sie aber einige Regeln beachten, damit das Haar nicht mehr als nötig strapaziert wird:

1. Das Haar darf nie gebürstet werden, wenn es ganz trocken ist. Oberflächlich mit einer Blumenspritze leicht angefeuchtet, ist es dehnbarer und bricht weniger schnell ab. Einmal wöchentlich sollten Sie einen Eßlöffel Mandelöl oder Lanolin ins Spritzwasser geben, um das Haar zu pflegen. Das Öl wird in gut warmem Wasser in der Blumenspritze kräftig aufgeschüttelt, und die Mischung fein auf das Haar genebelt.

2. Das Fell darf nie gegen den Strich gebürstet oder gekämmt werden, sondern nur immer in Wuchsrichtung. Andernfalls wird der Zug auf die Wurzel zu groß und das Haar reißt leicht aus.

3. Das Fell sollte nicht planlos, sondern schichtweise gescheitelt von der Haut bis zur Spitze bearbeitet werden, damit bereits kleine Verfilzungen frühzeitig erkannt und beseitigt werden können, bevor sie größer werden. Lose Unterwolle wird direkt am Haaransatz ausgekämmt, bevor sie im Deckhaar hängenbleibt und Verfilzungen verursachen kann.

4. Verfilzungen dürfen nicht einfach herausgerissen werden. Sie sollten mit den Fingern etwas breitgezogen und vom Rand her vorsichtig mit der Slickerbürste ausgebürstet werden.

5. Hinterohr- und Backenbereich (hier entstehen Verfilzungen besonders leicht durch Kratzen) sowie der Innenbereich der Ellbogen (hier entstehen Filzknoten durch Reibung bei der Bewegung) bedürfen besonderer Sorgfalt beim Bürsten. Von diesen Stellen aus bilden sich bei Vernachlässigung schnell größere Filzmatten.

6. Aus hygienischen Gründen sollten Anal- und Genitalbereich regelmäßig kontrolliert und gegebenenfalls mit klarem Wasser abgewaschen werden.

Zwei wöchentliche „Kämmsitzungen" von jeweils ca. 1 Stunde reichen beim Tibet Terrier aus, um ihn in topgepflegtem Zustand zu halten. Natürlich werden trotzdem Verfilzungen auftreten, niemals aber so große, daß ihre Beseitigung den Gesamtzustand des Haarkleides optisch beeinträchtigen würde. Bedenken Sie: Ausgerissenes Deckhaar braucht bis zu einem Jahr, um wieder vollständig nachzuwachsen.

Der verfilzte Tibet Terrier

In diese Situation gerät man schneller als man denkt, nämlich dann, wenn man die Fellpflege beim Welpen, die mehr Übungscharakter als Pflegenotwendigkeit besitzt, nicht für nötig befunden hat. Jetzt muß der Junghund nur noch in die kritische Phase des Fellwechsels kommen, und die Katastrophe bahnt sich unweigerlich an:

♦ Der Hund weist mehr oder weniger starke Verfilzungen auf.
♦ Er hat keine Kämmdisziplin.
♦ Er reagiert „ungehalten", wenn es ziept.
♦ Der Besitzer ist in der Fellpflege nicht geübt.

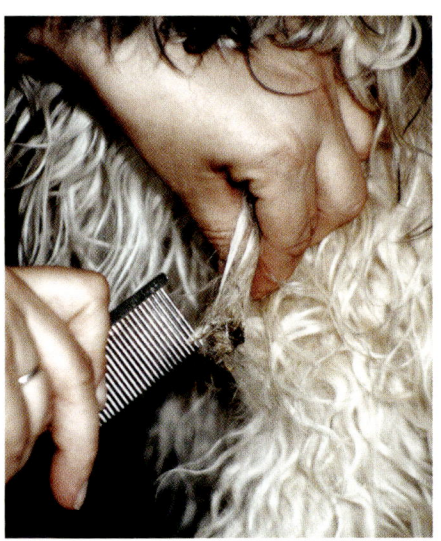

Filzknoten nicht einfach herausschneiden, sondern vorsichtig auseinanderziehen und auskämmen!

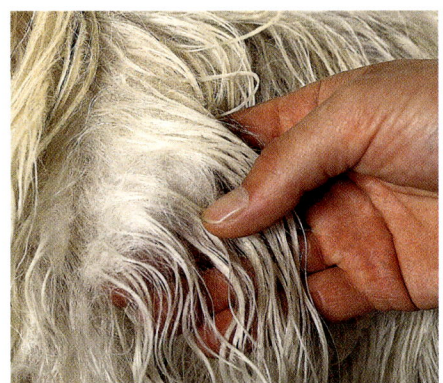

Durch das Tragen des Halsbandes hat sich eine kleine Filzmatte gebildet

*Wie ist die Sache wieder
in den Griff zu bekommen?*

Verabschieden Sie sich vorab von dem Gedanken, das Ganze in einer „Mammutveranstaltung" erledigen zu können. Es werden viele kleine Sitzungen notwendig sein, damit der Hund für zukünftige, hoffentlich regelmäßige Pflegemaßnahmen nicht ein für allemal verdorben wird.

Sie müssen Ihre ganze Geduld und Selbstbeherrschung aufbringen: Es wird vielleicht hilfreich sein, wenn Sie sich immer wieder in Erinnerung bringen, daß der Hund an seinem Zustand überhaupt keine Schuld hat, sondern es Ihre Schuld ist, daß er jetzt unter Ihrer Vernachlässigung zu leiden hat. Nehmen Sie sich einen kleinen Bereich zur Bearbeitung vor: Da der Hund die Prozedur des Bürstens nicht gewohnt ist, beginnen Sie am besten in der Seitenlage an der Hinterpfote. Die empfindlichen Innenseiten der Beine und den Bauchbereich, für die Sie Ihren Tibet Terrier in die heiklere Rückenlage bringen müssen, heben Sie sich bis zum Schluß auf. Zur besseren Kämmbarkeit empfiehlt sich eine im Fachhandel erhältliche Spülung, die in der angegebenen Konzentration unter das Sprühwasser gemischt wird. Das leicht angefeuchtete Haar wird anschließend schichtweise von unten nach oben zuerst mit der Drahtbürste, dann mit dem Slicker und zum Schluß mit dem groben Kamm durchgearbeitet. Der Hund wird sich das nicht immer so ohne weiteres gefallen lassen, reden Sie beruhigend auf ihn ein, loben Sie ihn, wenn er kurze Zeit stillgehalten hat. Es kann manchmal notwendig sein, daß eine zweite Person den Tibet Terrier festhält, bis er sich nach einiger Zeit damit abgefunden hat, daß er liegenbleiben muß. Wenn er knurrt oder gar zubeißen möchte, wird er mit „Pfui!" abgemahnt. Wenn das nicht ausreicht, bekommt er einen Klaps. Wenn es gar nicht anders geht, dann müssen Sie ihm als letzten Ausweg einen kleinen Nylonmaulkorb umbinden. Länger als eine halbe Stunde Bürsten sollten Sie ihm anfangs auch nicht zumuten. Bevor Sie ihn für eine ver-

Unser Tip

Seit neuestem gibt es Elektrokämme, die Verfilzungen relativ schonend beseitigen. Sie sind zeitaufwendiger, aber für den Hund angenehmer als Bürste und Kamm. Besitzer von Langhaarhunden, die diese Neuheit anwenden, haben überwiegend positive Erfahrungen damit gemacht.

diente Pause vom Pflegetisch nehmen, loben Sie ihn ausgiebig, damit sein letzter Eindruck ein angenehmer ist. Drei bis vier Sitzungen täglich sind für Besitzer und Hund zumutbar, nach spätestens einer Woche sollte Ihr Tibet Terrier damit wieder salonfähig sein.

▬▬ *Das Shampoo sollten Sie ohne übermäßiges Rubbeln einmassieren und danach gründlich wieder ausspülen*

Baden

Bei langhaarigen Hunden läßt sich ein Bad – am besten in der Badewanne – ab und an nicht vermeiden. Wenige Male im Jahr und darüber hinaus bei sicht- und „riech"-barem Bedarf sind in der Regel ausreichend. Allerdings sind die heute auf dem Markt befindlichen Hundepflegemittel bereits so haar- und hautschonend, daß selbst wöchentliches Baden nicht mehr schaden würde. Über den Fachhandel gibt es komplette Pflegeserien, und man kann sich genau darüber beraten lassen, welches Produkt individuell für die Haartextur des jeweiligen Hundes am besten geeignet ist.

Vor dem Baden sollten Sie den Hund bürsten. Um den ganzen Schmutz zu entfernen, wird zweimaliges Shamponieren empfohlen. Dabei ist das Sham-

----

Unser Tip

Handtücher zum Abtrocknen des Hundes sind heute überholt. Am besten eignet sich das „Wundertuch" von Spontex (in jedem Drogeriemarkt erhältlich). Es nimmt so viel Nässe aus dem Haar, daß nur noch kurz angeföhnt werden muß, bevor der Hund gebürstet werden kann.

poo ohne übermäßiges Rubbeln einzumassieren und danach gründlich wieder auszuspülen. Hinterher können Sie noch eine Spülung auftragen, die das Haar pflegt und leichter kämmbar macht. Noch in der Wanne wird das überflüssige Wasser aus dem Haar gedrückt.

Bei kaltem Wetter sollten Sie mit Ihrem frisch gebadeten Hund erst wieder hinausgehen, wenn er vollkommen trocken ist und sich das Fell nicht mehr kalt anfühlt. Andernfalls droht Erkältungsgefahr.

Ohrenpflege

Langhaarige Hängeohren bedürfen einer regelmäßigen Kontrolle. Weil an den Ohrinnenraum wenig Frischluft gelangt, kommt es dort leicht zu einem feuchtwarmen Klima, was den Befall mit Ohrmilben stark begünstigt. Das gesunde Hundeohr weist keinen unangenehmen Geruch auf. Im einsehbaren Bereich der Ohrmuschel kann sich etwas Ohrenschmalz zeigen, das eine gelblich-weiße Farbe hat und fast geruchsneutral ist. Es läßt sich mit einem in Öl getauchten Wattestäbchen leicht entfernen. Dunkle bis schwarze, übelriechende Beläge sind ein Zeichen für Ohrmilben. Auch wenn der Hund sich noch nicht merklich gestört fühlt, sollte eine tierärztliche Behandlung durchgeführt werden.

Insbesondere im Sommer nach Aufenthalten an Feldrändern sollten Sie die Ohren Ihres Tibet Terriers nach Getreidespelzen absuchen. Diese haben durch ihre Widerhakenstruktur nämlich die unangenehme Eigenschaft, allmählich tiefer in die Gehörgänge hineinzuwandern, was schmerzhafte Entzündungen verursachen kann. Genau wie die Fellpflege sollten Sie die Kontrolle der Ohren – und übrigens auch des Gebisses – schon beim Welpen trainieren.

Wichtig: Tibet Terrier mit wolliger Haartextur neigen manchmal zu extremem Haarwuchs in den äußeren Gehörgängen. Bei solchen Hunden sollten diese Haare regelmäßig ausgezupft werden, um Filzpfropfen im Ohr zu vermeiden.

Ernährung

Die Vorfahren unserer Hunde fingen Beutetiere, die sie mit Haut und Haaren verschlangen. Sie ernährten sich also durchaus nicht nur von Fleisch, sondern fraßen auch den gesamten Inhalt von Magen und Darm, der hauptsächlich aus vorverdauten Pflanzen und Früchten bestand, und die kohlenhydratreichen Innereien. Da sich die Bedürfnisse unseres heutigen Haushundes, was die Nahrung anbelangt, von denen seiner Vorfahren nicht unterscheiden, muß das Futter in seiner Zusammensetzung der ursprünglichen Nahrung in der Wildnis möglichst nahe kommen.

Die Zusammensetzung des Futters

Die energieliefernden Futterbestandteile sind Eiweiß, Fett und Kohlenhydrate. Zusätzlich benötigt der Organismus bestimmte Stoffe, um die Funktion des gesamten Stoffwechsels aufrechtzuerhalten. Zu diesen Substanzen gehören u.a. die Vitamine und Mineralstoffe. Natürlich kommt es auch auf die richtigen Verhältnisse der einzelnen Futterbestandteile zueinander an. So hat beispielsweise ein noch im Wachstum befindlicher Hund einen anderen Eiweißbedarf als ein ausgewachsener Vierbeiner:

▨ Ausgewogenes Hundefutter für einen ausgewachsenen Hund sollte etwa 30 % Eiweiß, 60 % Kohlenhydrate und 5 bis 10 % Fett enthalten.

▨ Junghunde haben einen größeren Eiweißbedarf und benötigen daher ein Futter mit einem Eiweißanteil von etwa 60 %, während der Kohlenhydratanteil nur bei etwa 30 % liegen sollte. Der Fettanteil bleibt gleich.

Eiweiß ist enthalten in Fleisch, Fisch, Milchprodukten (Quark, Käse) und als pflanzliches Eiweiß zum Beispiel in Soja. Ein Eiweißmangel bewirkt eine größere Infektionsanfälligkeit und Konditionsmangel. Ein zu hoher Eiweißanteil im Futter verursacht Nierenfunktionsstörungen.

Fett liefert von allen Nahrungsbestandteilen die meisten Kalorien, das heißt, es ist der größte Energieträger. Der Hund nimmt es hauptsächlich in Form

von gesättigten Fettsäuren aus tierischen Fetten auf. Für bestimmte Stoffwechselfunktionen benötigt er aber auch kleine Mengen an ungesättigten Fettsäuren, die hauptsächlich in Pflanzenölen enthalten sind. Ein Fettüberschuß in der Nahrung bewirkt Durchfall und Übergewicht. Zu wenig Fett führt dazu, daß der Körper die fettlöslichen Vitamine (siehe Tabelle rechts) nicht optimal aufnehmen und verwerten kann. Die Folgen sind Hautprobleme und Störungen des Fellwachstums.
Kohlenhydrate bezieht der Hund aus Getreide, Innereien, Obst und Gemüse. Getreide und Obst enthalten zusätzlich Ballaststoffe, die für eine geregelte Verdauung unverzichtbar sind.

Wichtig: Rohe Getreideprodukte kann der Hund nicht verdauen, sie müssen gekocht oder erhitzt werden (als Teil des Mageninhaltes des Beutetieres sind sie schon vorverdaut und dadurch verwertbar).

Im Handel erhältliche Hundeflocken sind entsprechend vorbehandelt und können direkt verfüttert werden. Innereien sollten nur in begrenzten Mengen gefüttert werden, da sie einen erhöhten Anteil an giftigen Schwermetallen enthalten. Lunge hat einen niedrigen Nährwert und eignet sich

daher nur dann als Hundefutter, wenn eine Gewichtsreduktion angestrebt wird.
Vitamine und Mineralstoffe sind in Obst und Gemüse enthalten. Hier können Sie dem Hund – roh oder angegart – alles anbieten, was er mag und verträgt. Bei den Vitaminen unterscheidet man zwischen wasserlöslichen und fettlöslichen Vitaminen. Wasserlösliche kann der Körper nicht speichern. Bei zu geringer Versorgung entsteht also immer ein Mangel. Ein Überschuß wird vom Körper wieder ausgeschieden. Fettlösliche Vitamine können gespeichert und bei Bedarf wieder verfügbar gemacht werden. Eine übermäßige Anreicherung kann jedoch zum Beispiel zu Leberfunktionsstörungen führen. Einen Überblick über die wichtigsten Vitamine gibt die nebenstehende Tabelle.

Fertigfutter

Wenn Sie Ihrem Hund ein Fertigfutterprodukt geben wollen, sollten Sie darauf achten, daß es sich dabei um ein Alleinfuttermittel für Hunde handelt. Dies muß auf der Verpackung deklariert sein und bedeutet, daß Sie keine weiteren Zusätze mehr füttern müssen. Die verschiedenen Darreichungs-

Die wichtigsten Vitamine

	Vorkommen	Symptome bei:	
		Vitaminmangel	Überversorgung

Wasserlösliche Vitamine

	Vorkommen	Vitaminmangel	Überversorgung
Vitamin B-Gruppe	in Fleisch, Leber, Hefe (ein Teil der Vitamine der B-Gruppe wird allerdings auch durch die Darmbakterien gebildet)	Haarausfall, verminderte Magensaftsekretion, Appetitmangel, Herzerweiterung/-insuffizienz, Störungen bei der Blutbildung und Nervenleitung	Eine Überversorgung mit wasserlöslichen Vitaminen kommt nicht vor, da ein Überschuß über die Nieren ausgeschieden wird
Vitamin C	Der Hund ist fähig, Vitamin C selbst aufzubauen		siehe oben

Fettlösliche Vitamine

	Vorkommen	Vitaminmangel	Überversorgung
Vitamin A	in Fleisch, Eigelb, Leber (in Blattgemüse, Möhren, Paprika ist reichlich Betacarotin enthalten, aus dem der Hund Vitamin A bilden kann)	Hautveränderungen, Schleimhautentzündungen, Augenerkrankungen	Überempfindlichkeit der Haut, Schwäche in den Gliedmaßen
Vitamin D	in Milch, Käse, tierischen Fetten	beim jungen Hund Störungen im Knochenaufbau (Rachitis)	Gefäßverkalkung, Durchfall, Gewichtsverlust
Vitamin E	Haferflocken, Margarine, Pflanzenöle	Fruchtbarkeitsstörungen, Muskelschwäche	keine bekannt

formen solcher Vollwertfuttermittel unterscheiden sich in ihrem Wassergehalt und damit auch in ihrer Haltbarkeit. So enthält Dosen- oder Naßfutter einen Wasseranteil von ca. 80 %, muß im Kühlschrank aufbewahrt und innerhalb von 2 – 3 Tagen verfüttert werden.

Wichtig: Grundsätzlich sollte der Hund sein Futter immer zimmerwarm und nicht direkt aus dem Kühlschrank serviert bekommen.

dafür sorgen, daß er immer genügend frisches Trinkwasser zur Verfügung hat. Trockenfutter enthält nur noch ca. 10 % Wasser und hält sich damit bei trockener Lagerung monatelang. Entsprechend den unterschiedlichen Futteransprüchen des Hundes in seinen verschiedenen Lebensphasen sind Produkte für Welpen, ausgewachsene Hunde, trächtige oder säugende Mutterhündinnen und alte Hunde auf dem Markt. Daneben gibt es mittlerweile sogar kalorienarme Futtermittel, sogenannte Light-Produkte, für übergewichtige Hunde und extrem energiereiche Futtermittel für sehr aktive Vierbeiner mit hohem Energiebedarf. Qualitativ unterscheiden sich die Produkte der führenden Futtermittelfirmen kaum, so daß Sie den Hund frei nach seinem Geschmack entscheiden lassen können.

Dosen- und Vollwerttrockenfutter

Je härter und fester ein Fertigfuttermittel ist, desto mehr Wasser wurde ihm bei der Herstellung entzogen. Da der Hund dieses Wasser aber zur Verdauung des Futters benötigt, müssen Sie

Selbstzubereitetes Futter

Wenn Sie die Mühe nicht scheuen und lieber auf Fertigfutter verzichten wollen, können Sie die Mahlzeiten für

Ihren Hund auch selbst zubereiten. Hierbei ist allerdings, wie bereits erwähnt (siehe S. 58), auf das richtige Verhältnis der Nahrungsbestandteile zueinander zu achten, damit das Futter ausgewogen ist.

Als Eiweißträger kommen Fleischsorten wie Geflügel, Rind, Schaf und Pferd, aber auch Fisch in Frage. Grundsätzlich sollten Sie sowohl Fleisch als auch Fisch stets nur gekocht füttern. An Kohlenhydraten können Sie Getreideprodukte (Reis, Hirse, Vollkornnudeln, Hundeflocken) sowie Gemüse (Karotten, Kartoffeln, Blumenkohl etc.) und Obst geben. Dabei haben Sie die Wahl, Getreideprodukte und Gemüse/Obst in einer Ration (im Verhältnis 1:1) zu füttern oder es im täglichen Wechsel anzubieten. Fleisch, Getreideprodukte und Kartoffeln sollten Sie zusammen gar kochen, denn Ihr Vierbeiner kann die Getreideprodukte bzw. Kartoffeln roh nicht verwerten. Eine Ausnahme sind die im Handel erhältlichen Hundeflocken, die durch spezielle Herstellungsverfahren bereits aufgeschlossen sind. Sie werden daher erst kurz vor der Fütterung unter die Mahlzeit gerührt. Ein Eßlöffel Pflanzenöl täglich versorgt Ihren Tibet Terrier mit den nötigen essentiellen Fettsäuren. Der Bedarf an tierischem Fett wird in der Regel durch das angebotene Fleisch, das daher auch nie zu mager sein sollte, abgedeckt.

Was Obst und Gemüse betrifft, so müssen Sie einfach ausprobieren, was Ihrem Hund schmeckt. Damit die Vitamine erhalten bleiben, geben Sie das geraspelte oder kleingeschnittene Obst oder Gemüse erst nach dem Kochen hinzu. Das Ganze lassen Sie nun bei geschlossenem Deckel etwas abkühlen. Ist Ihr Tibet Terrier ein mäkeliger Fresser, sollten Sie das gekochte Fleisch so klein schneiden, daß er sich die leckeren Fleischbrocken nicht heraus sortieren und den Rest stehen lassen kann.

Tip:

Wenn Sie sich die Mühe sparen wollen, täglich für den Hund zu kochen, können Sie größere Mengen zubereiten und portionsweise einfrieren.

Es ist zu empfehlen, wöchentlich einen „Fertigfuttertag" einzulegen, damit der Hund daran gewöhnt ist. Im Urlaub oder bei kurzfristiger Pflegeunterbringung läßt es sich nämlich meist nicht realisieren, daß der Hund extra bekocht wird.

Futtermenge und Fütterungszeiten

Wie viel pro Tag?

Die Futtermenge ist abhängig von Größe, Alter und Aktivität des Hundes. Auch spielt es eine Rolle, ob Ihr Tibet Terrier ein guter oder schlechter Futterverwerter ist. Bei selbstgekochtem Futter rechnet man ca. 300 g täglich. Bei Fertigfutter sollten Sie sich nach den Packungsangaben richten. Ob die angebotene Futtermenge zu reichlich oder zu knapp bemessen ist, werden Sie bei genauer Beobachtung Ihres Vierbeiners relativ schnell merken und müssen dann die Menge entsprechend korrigieren.

Beim ideal ernährten Tibet Terrier sind Rippen und Rückgrat mit den Händen noch zu fühlen, er zeigt etwas Taille, und die Bauchlinie ist mäßig aufgezogen. Die Rasse hat in der Regel noch ein natürliches, intaktes Freßverhalten, das heißt, die Hunde wissen, wann sie genug haben. Deswegen sollten Sie Ihren Vierbeiner bei sichtlichem Wohlbefinden auch nicht zum Weiterfressen animieren, wenn die Schüssel einmal nicht ganz geleert wird.

Ist Ihr Hund zu dick, so sollten Sie sich um eine **Gewichtsreduktion** bemühen, denn die übermäßigen Pfunde sehen nicht nur wenig ästhetisch aus,

sie belasten auch das Herz und den Bewegungsapparat. Gewaltkuren und eingeschobene Nulldiättage bewirken allerdings nur, daß Ihr Tibet Terrier nichts unversucht läßt, um irgendwie an Freßbares zu gelangen. Füttern Sie selbstzubereitete Mahlzeiten, ist es wesentlich effektiver, die ungefähre Futtermenge beizubehalten und lediglich die Zusammensetzung der Ration zu verändern: Halbieren Sie Eiweiß-, Fett- und Kohlenhydratanteil auf die Hälfte und „strecken" Sie die Mahlzeit mit Ballaststoffen wie Gemüse und rohen Vollkornhaferflocken, beides kann der Hund nicht optimal verwerten. Damit ist der Magen gefüllt, und wenn ihm das nicht so gut schmeckt, läßt er von sich aus vielleicht noch etwas übrig. Bei der Fütterung von Fertigfutter erhält der dicke Hund die sogenannten „Light-Produkte", die heute von allen führenden Herstellern angeboten werden. Diese Futtermittel besitzen einen erhöhten Faser-, das heißt Ballaststoffanteil, und sind kalorienreduziert.

Neben den diätetischen Maßnahmen sind reichlich Bewegung und Beschäftigung angesagt, das regt den Stoffwechsel an, und läßt Ihren Hund den Hunger vergessen.

Wie oft am Tag füttern?

Erwachsene Hunde erhalten eine Hauptmahlzeit täglich. Gegen kleine Häppchen zwischendurch ist nichts einzuwenden, solange der Hund dadurch nicht zu dick wird. Welpen und Junghunde erhalten drei bis fünf Mahlzeiten, Trockenfutter sollte ihnen immer bereitstehen. Gehört Ihr Hund bereits zu den älteren Semestern, sollten Sie seine Tagesration auf zwei Mahlzeiten aufteilen. Dies ist für den Organismus weniger belastend.

Füttern Sie Naßfutter, müssen Reste spätestens nach einer halben Stunde entfernt werden. Es verdirbt nämlich sehr schnell und zieht im Sommer auch Insekten an. Trockenfutter kann ohne Bedenken längere Zeit oder bei normalgewichtigen Hunden auch rund um die Uhr stehengelassen werden.

▬▬▬ *Welpen erhalten bis zu fünf Mahlzeiten über den Tag verteilt*

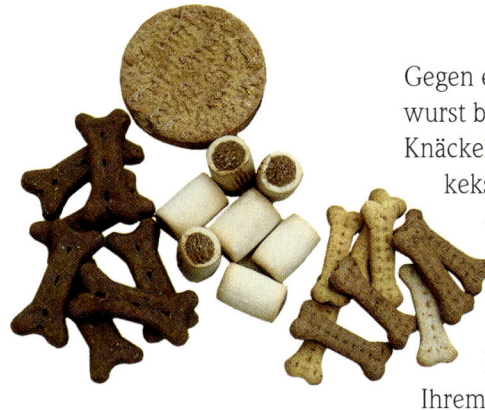

Leckereien

Kleine Extras wie Obst, Gemüse, Früchtequark, Hüttenkäse oder Naturjoghurt stellen eine sinnvolle Ergänzung zu den Mahlzeiten dar. Neigt Ihr Tibet Terrier allerdings zu Übergewicht, müssen Sie diese Leckereien in die tägliche Ration mit einbeziehen. Einem jungen Hund sollten Sie auch immer mal wieder Blattsalate, Obst- oder Gemüsestückchen als Spielzeugersatz anbieten. Das meiste wird wohl nur zerkrümelt oder zerfleddert, aber einiges wird doch gefressen und stellt eine zusätzliche natürliche Vitaminquelle dar.

Gegen ein dünn mit Halbfettleberwurst bestrichenes Vollkorn- oder Knäckebrot oder gegen einen Butterkeks ist für besondere Anlässe ebenfalls nichts einzuwenden. Schokolade, Süßigkeiten oder Kuchen gehören jedoch grundsätzlich nicht in einen Hundemagen. Wollen Sie Ihrem Hund zur Belohnung ab und an einen Knochen geben, so ist auch das erlaubt, vorausgesetzt es handelt sich dabei um einen weichen Kalbsknochen, der nicht splittert. Neigt Ihr Tibet Terrier allerdings zu Verstopfung, dann kaufen Sie ihm lieber einen Büffelhautknochen aus dem Zoofachhandel.

Unser Tip

Die Futtermittelindustrie bietet eine große Auswahl an hundegerechten Verwöhnhäppchen an, die gesund und zahnfreundlich sind. Sie sind jedoch nicht dazu geeignet, als Ersatzfutter zu dienen, und bei Hunden, die zum Dickwerden neigen, müssen sie in die Tagesfutterration einberechnet werden.

Gesundheit

Schutzimpfungen

Seine erste Impfung gegen Staupe (S), Hepatitis (H), Leptospirose (L) und Parvovirose (P) erhält der Welpe etwa im Alter von 7 Wochen. Vorher hätte eine Impfung keine Wirkung, weil sie von den Abwehrstoffen, die der Welpe über die Muttermilch erhalten hat, neutralisiert würde. Nach 3 – 4 Wochen erfolgt eine SHLP-Wiederholungsimpfung, bei der auch gleichzeitig gegen Tollwut geimpft wird. Nach einer weiteren Woche ist der Welpe dann sicher vor den genannten Infektionskrankheiten geschützt.
Um diesen Schutz aufrechtzuerhalten, muß selbstverständlich auch der erwachsene Hund regelmäßig zur Nachimpfung (siehe Impfplan auf S. 68).
In den letzten Jahren hat leider eine gewisse Impfmüdigkeit bei den Hundebesitzern dazu geführt, daß sich speziell die Staupe wieder stark ausbreiten konnte. Die Parvovirose (Katzenseuche) ist eine ständige Gefahr und im übrigen sind Tollwutimpfungen Pflicht, wenn der Hund auf Auslandsreisen mitgenommen werden soll.

Tierarzt oder Hausapotheke

Der „Befindlichkeitsanzeiger" eines Hundes ist nicht etwa seine kalte, feuchte, trockene oder warme Nase, sondern sein Verhalten. Kleine Unpäßlichkeiten sind so lange nicht beunruhigend, wie Ihr Tibet Terrier sich sichtlich normal benimmt und reagiert. Die Körpertemperatur gibt ebenfalls einen Hinweis darauf, wie es ihm geht. Die Temperatur, rektal gemessen, liegt beim gesunden Hund bei ca. 38,5° C, ab 39°C ist sie erhöht. Über 39,5°C hat er Fieber, und ein Tierarzt ist zu konsultieren.

Wichtig: Temperaturabfälle unter 36°C weisen auf einen lebensbedrohlichen Zustand hin. Der Hund ist sofort, warm verpackt, zu einem Tierarzt zu bringen.

Bagatellverletzungen können auf herkömmliche Weise antiseptisch versorgt und verbunden werden. Bißverletzungen, stark blutende und tiefe Wunden müssen grundsätzlich tierärztlich versorgt werden. Ebenso

Impfplan

Erstimpfung (Grund-immunisierung)	7. Lebenswoche	Impfung gegen Staupe, Hepatitis c. c., Parvovirose, Leptospirose und evtl. Zwinger-husten. Ist die Impfung beim Züchter erfolgt, auf entspre-chende Eintragung im Impfpaß achten!
	12. Lebenswoche	Impfung wie oben plus Tollwut
1. Wiederholung	nach 1 Jahr	gegen alles plus Tollwut
Weitere Wieder-holungen	jährlich	Tollwut, Leptospirose, Parvovirose
	alle 2 Jahre	Staupe, Hepatitis c. c.

In Sonderfällen, etwa bei kranken und verletzten Hunden, besonderer Infektionsgefahr oder anderem, wird der Tierarzt den Plan entsprechend ändern.

Hautausschläge oder Ekzeme, für die die Ursachen ermittelt werden müssen, sonst besteht Gefahr, daß sie immer wiederkehren.

Das ungestüme Temperament des Tibet Terriers kann es auch mit sich bringen, daß er nach Sprüngen oder Streifzügen durch unebenes Gelände einmal humpelt. Untersuchen Sie dann die Pfoten vorsorglich auf eingetretene Dornen oder ähnliches. Wenn keine sichtbaren Verletzungen festzustellen sind, dann sollten Sie dafür sorgen, daß der Hund sich bis zum folgenden Tag möglichst wenig bewegt. Bessert sich sein Zustand nicht, ist ein Besuch beim Tierarzt anzuraten.

Insektenstiche sind meist ungefähr-lich und werden mit kühlenden Gels aus der Apotheke versorgt. Tierärzt-liche Behandlung ist allerdings not-wendig, wenn der Hund auf den Stich allergisch reagiert oder im Maul- oder Rachenbereich gestochen wurde, da dann bei starker Schwellung Atemprobleme auftreten können. Als Symptome einer allergischen Reaktion können am ganzen Körper dicke Quaddeln auftreten, aber auch Atemnot oder ein Schockzustand sind möglich. Bei bekannten Allergien ist es ratsam, das Gegenmittel stets greifbar zu haben, um es dem Hund umgehend verabreichen zu können.

Der Tierarztbesuch

Der Tierarztbesuch ist für viele Hunde ein höchst beängstigendes Ereignis, und so mancher ansonsten ruhige und umgängliche Vertreter wird bereits beim Anblick des Wartezimmers sehr nervös oder gar aus Angst aggressiv. Damit der Besuch beim Tierarzt möglichst reibungslos verläuft, sollten Sie die nachfolgenden vier Regeln beachten.

▨ Gewöhnen Sie bereits den Welpen daran, sich von fremden Personen anfassen und abtasten zu lassen. Der Tierarzt hat es dann wesentlich leichter mit der Untersuchung und Diagnose.

▨ Bleiben Sie selbst immer ruhig und gelassen. Ein Hund spürt die Unsicherheit seines Besitzers und reagiert darauf selbst mit Angst.

▨ Vermeiden Sie lange Aufenthalte im Wartezimmer. Ein kleiner Spaziergang oder das Warten im Auto lassen den Hund entspannter auf dem Behandlungstisch stehen.

▨ Wählen Sie einen Tierarzt, der auf Ihren Hund eingeht. Auch für Ihre Fragen sollte er ausreichend Zeit haben und die Behandlungsmethoden ausführlich erklären.

Zum Schutz vor Ansteckungen ist es besser, den Hund in die Praxis zu tragen und auf dem Schoß zu halten. Die

▬ *Ein gut erzogener Hund ist eine Freude für den Tierarzt*

sicherste Lösung ist, den Hund in einer Transportbox zum Tierarzt zu bringen. Direktkontakte zu anderen Patienten sind unbedingt zu vermeiden. Verordnet der Tierarzt Ihrem Hund Medikamente, so sollten Sie sich grundsätzlich nach deren Namen, ihren Wirkungen und eventuellen Nebenwirkungen erkundigen.

Erkrankungen des Verdauungsapparates

Erbrechen, Durchfall, Verstopfung und Futterverweigerung sind die häufigsten Anzeichen für eine Störung im Verdauungstrakt. Solange Ihr Tibet Terrier in seinem Verhalten aber keine Auffälligkeit zeigt und munter ist, liegt kein Grund zur Beunruhigung vor. Hunde

■■■■ *Manche Hunde reagieren auf Knochenfütterung mit hartnäckiger Verstopfung, Kauknochen aus Büffelhaut sind dann eine echte Alternative*

erbrechen recht häufig. Anlässe sind u.a. zu schnelle Futter- oder Wasseraufnahme. Meist möchte der Hund das Erbrochene sogar wieder aufnehmen. Zuviel Säurebildung im Magen reizt ihn ebenfalls zum Auswürgen: Als „Brechhilfe" frißt er dann gerne Gras. Ein Säureüberschuß im Magen kann durch einen zu hohen Fleischanteil im Futter entstehen.

Unser Tip

Kleine Unpäßlichkeiten lassen sich leicht über das Futter regulieren: Ist der Kot zu fest, hilft eine Sonderzuteilung Fett in Form von Butter oder Schlagsahne. Dünner Kot kann mit Kalbsknochen- oder Knorpelfütterung verfestigt werden.

Bei sich wiederholenden Verdauungsstörungen sollten Sie versuchen herauszufinden, ob ein Zusammenhang mit dem Futter besteht. Ist dies der Fall, gilt es, den Speisezettel Ihres Vierbeiners zu ändern.

Nach der Verabreichung von Antibiotika können ebenfalls Darmstörungen auftreten, weil diese Medikamente vorübergehend die Darmflora schädigen. Gegen Ende einer Behandlung mit einem Antibiotikum sollten daher

gleichzeitig Tropfen oder Pasten gegeben werden, die die Darmflora wieder aufbauen.
Mehrmaliges heftiges Erbrechen und anhaltender Durchfall gehen in der Regel auch mit einem schlechten Allgemeinbefinden des Hundes einher, das heißt, er ist lustlos und frißt nicht. In solchen Fällen, oder wenn der Durchfall Blutbeimengungen enthält, sollten Sie keine Zeit verlieren und den Hund möglichst rasch zum Tierarzt bringen. Möglicherweise liegt eine Infektion oder eine Vergiftung vor. Die Behandlung gehört unbedingt in die Hand des Fachmanns, denn neben der Erkennung und Behandlung der Ursache muß der Wasser- und Elektrolythaushalt wieder ausgeglichen werden, da sonst die Gefahr der Austrocknung besteht.

Erkrankungen der Hündin

Scheinträchtigkeit

Eine Scheinträchtigkeit tritt meist ca. 6 – 9 Wochen nach einer Läufigkeit auf. Anzeichen dafür sind Änderungen im Verhalten wie Launenhaftigkeit, Unlust, Bemuttern von Spielzeug als Ersatzwelpen. Häufig ist auch das Gesäuge angeschwollen, in schweren Fällen kann sogar Milch einschießen.

Um die Symptome zu lindern, sollten Sie die Hündin durch ausgiebiges Spielen und lange Spaziergänge ablenken. Oft kann auch durch homöopathische Mittel Abhilfe geschaffen werden. Am Gesäuge darf allerdings keinesfalls manipuliert werden, kalte Umschläge sind das einzig erlaubte Mittel.
Die Ursachen der Scheinträchtigkeit sind Störungen im Hormonhaushalt, die sich auch dadurch nicht beheben lassen, daß man eine Hündin einmal im Leben Junge haben läßt. Das Problem wird damit nicht beseitigt, ganz im Gegenteil: Bei einer Hündin, die bereits scheinschwanger war, können bei einer echten Schwangerschaft Störungen im Trächtigkeitsverlauf auftreten. Darüber hinaus vererben sich solche Veranlagungen häufig auf die Nachkommen.

Wichtig: Hündinnen, die wiederholt scheinträchtig werden, sollten unbedingt kastriert werden (siehe auch S. 78), denn erfahrungsgemäß neigen sie mit der Zeit zu Gebärmutterentzündungen.

Gebärmutterentzündung

Ursache einer Gebärmutterentzündung sind Störungen im Hormonhaushalt bei gleichzeitig vorhandenen Keimen (meist Staphylokokken oder

Streptokokken). Auf diese Weise können schwere Gebärmuttervereiterungen auftreten, die immer lebensbedrohlich sind. Anzeichen für eine Gebärmutterentzündung sind Freßunlust, auffallend vermehrte Wasseraufnahme, erhöhte Temperatur oder Fieber und manchmal Ausfluß.

Der Tierarzt wird eine Behandlung mit Antibiotika einleiten. Manchmal schlagen Medikamente nicht an, dann muß die Gebärmutter entfernt werden, um das Leben der Hündin zu retten. Das Entfernen einer vereiterten Gebärmutter ist immer mit einem erhöhten Risiko für die Hündin verbunden, da der Organismus durch die Entzündung ja bereits geschwächt ist und sich zudem Keime ausbreiten können. Nach einer erfolgreichen medikamentösen Behandlung von Gebärmutterentzündungen ist eine Kastration in Erwägung zu ziehen, da die Gefahr besteht, daß die Krankheit erneut auftritt. Beim nächsten Mal geht es dann aber vielleicht nicht mehr so glimpflich aus.

Parasiten

Spulwürmer

Spulwürmer zeigen sich im Kot als faden- bis spaghettiähnliche, weiße Gebilde, die die beachtliche Länge von bis zu 10 cm erreichen können. Die Übertragung erfolgt oral, das heißt der Hund nimmt die in seiner Umgebung befindlichen Wurmeier, zum Beispiel durch Schnuppern an infiziertem Kot auf. Die Entwicklung vom Ei bis zum ausgewachsenen Wurm dauert etwa 60 Tage. Die Mittel gegen Wurmbefall erfassen meist nur die ausgewachsenen Exemplare dieser Darmparasiten, weswegen nach festgestelltem Befall eine mehrmalige Behandlung in wöchentlichem Abstand zu empfehlen ist. Zur Vorbeugung sollten Sie Ihren Tibet Terrier vierteljährlich entwurmen. Wurmkuren sind heute praktisch ohne Nebenwirkungen, der Tierarzt wird Ihnen ein geeignetes Mittel verschreiben. Ein massiver Wurmbefall beeinträchtigt nicht nur das Allgemeinbefinden des Hundes, auch aus Gründen der Übertragungsmöglichkeit auf den Menschen sollten regelmäßige Wurmkuren für den Hund eine selbstverständliche Maßnahme des verantwortungsbewußten Hundehalters sein.

Bandwürmer

Hier erfolgt die Übertragung über den Hundefloh als Zwischenwirt. Wenn ein mit Bandwurmeiern infizierter Floh vom Hund verschluckt oder zerbissen wird, können sich im Hund Bandwürmer entwickeln. Ein Bandwurmbefall läßt sich oft daran erkennen, daß in der Aftergegend oder im Kot des Hundes bewegliche, reiskornähnliche Larven zu finden sind. Wenn Ihr Tibet Terrier sehr häufig auf der Hinterhand schlittert, kann dies auch auf einen Bandwurm hindeuten. (Das sogenannte Schlittenfahren ist allerdings in den meisten Fällen ein Symptom dafür, daß der Hund unter der schmerzhaften Analdrüsenentzündung leidet.) Normale Wurmmittel sind gegen Bandwürmer nicht wirksam, der Tierarzt wird deswegen ein Spezialpräparat geben.

Flöhe

Wenn Sie bei Ihrem Tibet Terrier einmal Flöhe finden sollten, so ist dies keineswegs ein Zeichen für unzureichende Pflege. Beim Spielen mit einem anderen Hund, beim Kontakt mit einer Katze oder insbesondere mit einem Igel springt schnell einmal ein Floh

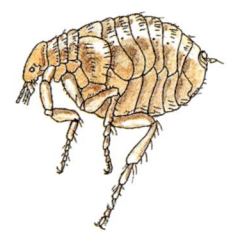

Floh in ca. 10facher Vergrößerung

über. Ein einziges trächtiges Flohweibchen kann dann eine Invasion verursachen. Gewöhnlich lebt der Floh – er ernährt sich vom Blut des Hundes – nicht ständig auf seinem Wirt, er hält sich vielmehr in dessen näherer Umgebung auf, das heißt vorwiegend auf den Schlaf- und Ruheplätzen des Vierbeiners. Hinweise auf Flohbefall sind vermehrtes Kratzen und kaffeesatzähnlicher Flohkot hauptsächlich am Rutenansatz sowie im Ohr- und Kehlbereich. Viele Hunde reagieren allergisch auf Flohbisse und es können rote, stark juckende Flecken oder Ekzeme auftreten. Zur Bekämpfung der blutsaugenden Parasiten werden heute vorwiegend systemisch wirkende Mittel (über den Tierarzt erhältlich) eingesetzt. Sie zirkulieren im Blut des Hundes und töten den Floh entweder direkt bei seiner nächsten Mahlzeit oder verhindern, daß er sich weiter vermehren kann. Zur Unterstützung der medikamentösen Therapie sollten Sie zusätzlich die Umgebung Ihres Tibet Terriers mehrmals gründlich reinigen.

Zecken

Zecken leben in Büschen und Gräsern. Sie reagieren auf die Körperwärme vorbeikommender Warmblüter und lassen sich dann einfach auf sie fallen. An einer geeigneten Stelle bohren sie sich

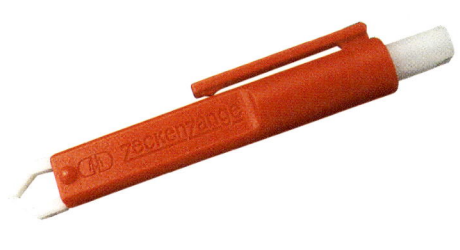

Zeckenzange

in der Haut fest und saugen sich mit dem Blut des Wirtes voll. Da Zecken mit ihrem Speichel die auch für den Hund gefährliche Hirnhautentzündung (Meningitis) übertragen können, sollten sie schnellstmöglich nach Entdecken entfernt werden. Das geht am besten mit einer Zeckenzange, wie sie in jeder Apotheke erhältlich ist. Die früher empfohlene Methode, die Zecke zu ersticken, indem man sie mit Öl oder Fett einreibt, ist unbedingt zu unterlassen, da der Parasit gerade in dieser Streßsituation vermehrt Speichel absondert, was eine Infektionsgefahr

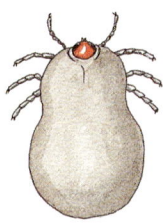

Vollgesogene Zecke in ca. 4facher Vergrößerung

unnötig vergrößert. Wer das Meningitisrisiko verhindern möchte, kann seinen Hund vorsorglich gegen diese Krankheit impfen lassen.

Erbliche Augenerkrankung (PRA)

PRA steht für **P**rogressive **R**etina **A**tropie, was übersetzt fortschreitender Netzhautschwund bedeutet. Erste Anzeichen sind erweiterte Pupillen, danach treten Nacht- und Dämmerungsblindheit und später völlige Erblindung auf. Heilung ist nicht möglich.

Die Veranlagung zu dieser Krankheit läßt sich heute teilweise schon früh erkennen, manchmal kann es jedoch mehrere Jahre dauern, bis sie ausbricht. In gewissenhaften Zuchtverbänden müssen Zuchttiere in regelmäßigen Abständen PRA-Atteste vorlegen, um weiterhin ihre Zuchtzulassung zu behalten.

Die Vererbung der Krankheit folgt einem rezessiven Erbgang: Für jedes Merkmal, das vererbt wird, also auch für das Merkmal zur PRA, ist ein Genpaar verantwortlich. Dieses setzt sich aus zwei Einzelgenen zusammen, von denen eines vom Vater und eines von der Mutter an den betreffenden Nachkommen weitergegeben wurde. Die beiden Einzelgene können gleich sein, dann ist der Nachkomme für diese Eigenschaft reinerbig, sie können aber auch verschieden sein, dann besteht Mischerbigkeit. Wenn die Durchsetzungskraft von mischerbigen Einzelgenen nicht gleich groß ist, dann nennt man das stärkere von beiden dominant und das schwächere rezessiv. Der Nachkomme zeigt in diesem Fall die Eigenschaften, die das dominante Gen bewirkt.

Das krankhafte PRA-Gen ist rezessiv. Dies bedeutet, daß ein Hund, der PRA hat, immer reinerbig krank ist, er kann also an seine sämtlichen Nachkommen nur das kranke Gen weitergeben. Die Nachkommen müssen selbst jedoch nicht alle krank sein. Wenn sie von einem Elternteil ein gesundes, dominantes Gen aufweisen, dann sind sie selbst von der Augenkrankheit nicht befallen, können aber wiederum ihren Nachkommen die Veranlagung dazu weitervererben. Der gesund-reinerbige und dominant-mischerbige Nachkomme sind äußerlich nicht zu unterscheiden – beide sind gesund –, und das ist der Haken bei diesem Vererbungsgang: Zwei sichtlich gesunde Elterntiere können (wenn sie mischerbig sind) kranke Nachkommen erzeugen.

Deswegen ist es so wichtig, daß man seinen Welpen aus einer Zucht kauft, dessen Zuchtverband nur PRA-gesunde Zuchttiere zuläßt. Je mehr Generationen an gesunden Vorfahren ein Zuchttier aufweist, desto geringer wird die Wahrscheinlichkeit, daß noch kranke Nachkommen entstehen können.

Wenn Hundenachwuchs nicht erwünscht ist …

Da nur wenige Hundebesitzer über ausreichend Platz und Zeit für die Hundezucht und über die nötigen Fachkenntnisse verfügen, stellt sich der überwiegenden Mehrheit die Frage, wie Hundenachwuchs generell am besten zu verhindern ist. Um diese Frage zu beantworten und eine auch für den Hund akzeptable Lösung zu finden, soll zunächst sein Sexualleben kurz erläutert werden.

Der Rüde ist das ganze Jahr über fortpflanzungsbereit. Auslöser für seine sexuellen Aktivitäten sind Geruchswahrnehmungen von paarungsbereiten Hündinnen. Wittert er eine läufige Hündin, so wird er alles daran setzen, sie aufzuspüren und zu decken. Alles andere wird für ihn in dieser Zeit nebensächlich. Stellen sich ihm andere interessierte Anwärter in den Weg, wird das Deckvorrecht notfalls mit „Klauen und Zähnen" erstritten.

Das Leben mit einem solchen liebeskranken Rüden kann mitunter sehr anstrengend sein. Futterverweigerung, unaufhörliches Jammern an der Wohnungstür und Zerren an der Leine beim Spazierengehen sind mögliche Ausdrucksformen seines „Liebeskummers".

Im Gegensatz zum Rüden lebt die Hündin überwiegend in Phasen sexueller Neutralität. In der Regel ist sie nur zweimal im Jahr läufig oder heiß, wie die Paarungsbereitschaft auch genannt wird. Bei unseren seit Urzeiten domestizierten Hunden ist die Läufigkeit allerdings nicht mehr an jahreszeitliche Bedingungen geknüpft, sondern jede Hündin hat ihren individuellen, aber in der Regel konstanten, Zyklus. Dieser kann 4 – 10 Monate betragen. Die meisten Hündinnen werden jedoch alle 5 – 7 Monate läufig. Während der ganzen Zeit der etwa 3 Wochen andauernden Hitze hat die Hündin mehr

Die Hundezucht erfordert neben Zeit und Geld auch ausreichende Fachkenntnisse

oder weniger starken blutigen Ausfluß aus der Scheide. Durch bestimmte Duftstoffe im Urin – den sie viel häufiger als sonst absetzt – erweckt sie das Interesse der Rüden. Paarungs- und empfängnisbereit ist sie allerdings erst gegen Ende der Hitze. Sie wird dann ebenfalls versuchen, in die Nähe eines Rüden zu gelangen, und ihre Aufforderungen sind nun wirklich mehr als eindeutig.

Kastration

Bei diesem Eingriff werden beim Rüden die Hoden und bei der Hündin die Eierstöcke komplett entfernt. In der Regel entfernt man bei der Hündin gleichzeitig auch die Gebärmutter. Damit läßt sich von vornherein ausschließen, daß die Hündin irgendwann einmal an einer Gebärmutterentzündung erkranken wird. Durch die Kastration werden Scheinschwangerschaften ebenfalls zuverlässig verhindert, und darüber hinaus können kastrierte Hündinnen keine Brustdrüsentumore bekommen. Bei kastrierten Rüden entfällt das lästige Markieren und das liebestolle Gebaren beim Anblick einer läufigen Hündin. Mit der Kastration erlischt der Sexualtrieb völlig und dauerhaft. Der Hund wird dadurch aber in seiner Lebensqualität keinesfalls beeinträchtigt. Im

Gegenteil, ihm bleiben die sich regelmäßig wiederholenden Qualen eines unerfüllten Sexualtriebs erspart.

Wichtig: Die Kastration sollte erst nach vollständigem Erreichen der körperlichen Reife, also beim Rüden erst ab 1 Jahr und bei der Hündin am besten erst nach der zweiten Hitze durchgeführt werden.

Zu früh kastrierte Rüden bleiben eunuchenhaft und bilden kein maskulines Erscheinungsbild aus. Bei Hündinnen sind die Auswirkungen zwar nicht so gravierend, aber auch sie werden immer ein kindliches Verhalten zeigen und überdies eher zur Verfettung neigen.
Daß Hunde generell nach der Kastration dick werden, ist schlichtweg falsch. Ich habe jahrelange persönliche Erfahrungen mit kastrierten Hündinnen und kenne durch meine Tätigkeit als Zuchtbuchführerin und Zuchtleiterin eines Zuchtverbandes auch die Erfahrungen anderer Züchter und Hundebesitzer: Übermäßige Gewichtszunahmen nach Kastrationen wurden nur festgestellt, wenn in der Zuchtlinie bereits eine Veranlagung zum Dickwerden bestand, das heißt, diese Hunde hätten früher oder später sowieso ein Gewichtsproblem bekommen. Ver-

Die Kastration hat in der Regel keinen Einfluß auf die Lebhaftigkeit des Hundes

änderungen im Wesen traten nach der Kastration nur dann auf, wenn vor dem Eingriff Hormonstörungen, zum Beispiel verursacht durch Eierstockzysten, vorlagen. In solchen Fällen zeigten die Hündinnen nach der Operation im Vergleich zu vorher wieder ein normales Verhalten. In ganz seltenen Fällen wurde bei kastrierten Hündinnen ein geringes Harnträufeln beobachtet, hauptsächlich bei großer Erregung wie Freude oder Angst. Diese Nebenwirkung konnte jedoch stets durch medikamentöse Behandlung beseitigt werden. Zusammenfassend kann man sagen, daß die Vorteile einer Kastration klar auf der Hand liegen.

Alternativen zur Kastration

Meiner Meinung nach ist die Kastration die beste Lösung, um unerwünschten Nachwuchs zu verhindern. Echte Alternativen sehe ich nicht. Abzuraten ist auf jeden Fall von der Anwendung geruchsüberdeckender Präparate bei der läufigen Hündin. Egal, ob es sich um spezielle Deodorants, Parfüms, Crèmes oder Chlorophylltabletten handelt, diese Produkte sind samt und sonders nicht zuverlässig. Sie mögen zwar auf einige Entfernung wirksam sein, aber ein erfahrener Rüde läßt sich hiervon nicht täuschen, wenn er der Hündin gegenübersteht. Auch Beruhigungsmittel für den Rüden sind nicht allzu zuverlässig, abgesehen davon, daß sie in der falschen Dosierung und bei manchen Individuen das genaue Gegenteil ihres eigentliches Zweckes bewirken können.

Hormonelle Verhütung

Bei der Hündin bedeutet dies die Unterdrückung der Läufigkeit durch gezielte Hormongaben. Die Methode ist sicher, sie hat jedoch den Nachteil, daß Sie Ihrer Hündin genau terminierte Hormongaben – entsprechend ihrem Zyklus meist halbjährlich – verabreichen müssen, und zwar solange sie lebt.

Wichtig: Es ist dringend davon abzuraten, die Hündin zwischendurch einmal läufig werden zu lassen, da das ihren Hormonhaushalt völlig durcheinander bringen würde.

Die hormonelle Läufigkeitsunterdrückung ist nichts anderes als eine „chemische Kastration". Da die Hündin aber ihre sämtlichen Fortpflanzungsorgane und damit auch Hormondrüsen behält, können auch weiterhin Gebärmutterentzündungen und Brustdrüsentumore auftreten.

Bei Rüden ist eine hormonelle Verhütung ebenfalls möglich, sie verlieren dadurch das Interesse an läufigen Hündinnen. Es werden hier übrigens die gleichen Hormone wie bei der Hündin verabreicht. Die Wirkungsdauer der Hormongaben ist allerdings sehr individuell, und man muß darauf achten, ob die Wirkung noch anhält.

Sterilisation

Hierunter versteht man bei der Hündin die Durchtrennung der Eileiter bzw. beim Rüden der Samenleiter. Wie die Kastration so wird auch die Sterilisation stets unter Vollnarkose durchgeführt und ist in der Regel ein irreversibler Eingriff. Der Geschlechtstrieb mit all seinen (negativen) Begleiterscheinungen bleibt bei sterilisierten Hunden erhalten. Sie können lediglich keinen Nachwuchs mehr zeugen bzw. bekommen.

Häufige Verletzungen und Erkrankungen

Verletzungen/Erkrankungen der Haut	Symptome	Behandlung
kleine Hautverletzung (Abschürfung, kleiner Schnitt usw.)		antiseptische Wundversorgung nach Reinigung
größere oder tiefere Verletzung (Biß, Unfall)		Wundfläche steril abdecken; weitere Versorgung (Nähen, Antibiotikum) durch den Tierarzt
Ekzem, Ausschlag, Allergie	intensives Belecken bei nässenden Hautstellen; vermehrtes Kratzen, teilweise Stellen schuppig	durch den Tierarzt (Ursache muß gefunden werden, da sonst Wiederholungsgefahr)
Fremdkörper im Ohr	Kratzen im Ohrbereich, Kopfschütteln, Schiefhalten des Kopfes	mit stumpfer Pinzette herausziehen, falls er nicht zu tief im Gehörgang sitzt, sonst Entfernung durch den Tierarzt
Fremdkörper in der Nase	ständiges Niesen, krampfartiges Einziehen der Luft	Behandlung analog wie bei Fremdkörper im Ohr
Parasitenbefall		
Flöhe	vermehrtes Kratzen, allergische Reaktionen	bei Erstbefall Tierarzt; bei Neubefall können die verordneten Mittel selbst besorgt werden
Zecken (anfangs wie eine kleine Warze, vollgesogen erbsengroß)		mit Zeckenzange herausziehen
Ohrmilben	Kratzen im Ohrbereich, Kopfschütteln, Schiefhalten des Kopfes, Ohrgeruch	durch den Tierarzt; Reinigung, Behandlung mit abtötenden Emulsionen
Erkrankungen der Augen		
Bindehautentzündung	tränende Augen, Lichtempfindlichkeit, Rötungen	durch den Tierarzt; Reizung der Augen durch Haare, Zug, Rauch usw. vermeiden
Hornhautentzündung	Eintrübung der Hornhaut	(siehe Bindehautentzündung)

Verletzungen der Gliedmaßen		
Stauchung, Zerrung	Humpeln, evtl. auch Anschwellen des Beins	bei leichtem Humpeln Schonung (Herumtollen vermeiden); bei starkem Humpeln oder Anschwellen des Beins zum Tierarzt
Brüche	abnorme Haltung oder Drehung des Beins, Schwellung, Blutung bei offenem Bruch	durch den Tierarzt; bei offenem Bruch zuerst sterile Abdeckung
Erkrankungen des Verdauungsapparats		
einmaliges Erbrechen	Hund fühlt sich trotzdem wohl	keine Behandlung nötig
wiederholtes Erbrechen	Hund fühlt sich unwohl, verweigert Futter	durch den Tierarzt (mögliche Ursache: Infektion, Fremdkörper, Organerkrankung)
Durchfall	dünner Stuhl, Hund fühlt sich trotzdem wohl und hat auch kein Fieber	durch Diät (Zwieback, schwarzer Tee mit etwas Salz, Haferschleim)
anhaltender Durchfall	Hund fühlt sich unwohl; Bauchdecke verspannt und gebläht; Darmgeräusche	durch den Tierarzt (Antibiotikum, Regulierung des Wasserhaushalts)
Parasitenbefall		
Würmer	Schlittern auf der Hinterhand; bei starkem Befall Nachlassen der Kondition und Abmagerung	durch den Tierarzt, er verordnet wirksames Wurmmittel (regelmäßige vorbeugende Entwurmung alle 3 Monate)
Erkrankungen der Hündin		
Scheinträchtigkeit (Auftreten meist einige Wochen nach der Läufigkeit)	Gesäuge schwillt an; Hündin verläßt ungern ihr Körbchen, Spielzeug wird wie Welpen bemuttert	Hündin viel Bewegung bieten, ggf. Körbchen und „Ersatzwelpen" wegnehmen, Kühlen des Gesäuges; ggf. Tierarzt
Gebärmutterentzündung	Appetitlosigkeit, vermehrter Durst, erhöhte Temperatur oder Fieber, blutig-eitriger Ausfluß (kann auch ausbleiben)	nur durch den Tierarzt! (bei Wiederholung Kastration empfehlenswert)

Anhang

Kontaktadressen

Deutschland
Verband für das deutsche Hundewesen
(VDH)
Westfalendamm 174
44141 Dortmund
Tel.: 02 31 / 5 65 00-0
Fax: 02 31 / 59 24 40

Int. Club für Lhasa Apso und
Tibet Terrier
Flurstraße 10
95192 Lichtenberg
Tel.: 0 92 88 / 85 36
Fax: 0 92 88 / 5 53 92

Int. Club für Tibetische Hunderassen
Am Walde 3
33813 Oerlingshausen
Tel.: 0 52 02 / 41 65
Fax: 0 52 02 / 18 37

Spezialclub für Tibet Terrier und
Lhasa Apso
Südstraße 63
52134 Herzogenrath
Tel.: 0 24 07 / 21 85
Fax: 0 24 07 / 1 73 34

Für Hundesport im Verein:
Deutscher Hundesportverband e.V
(dhv)
Gustav-Sybrecht-Straße 42
44536 Lünen
Tel.: 02 31 / 8 79 49
Fax: 02 31 / 8 77 08 13

Österreich
Österr. Club für Tibetische
Hunderassen
Erzherzog-Karl-Straße 5
A-1220 Wien
Tel.: 00 43 / 1 / 23 01 59

Für Hundesport im Verein:
Österreichischer Kynologenverband
(ÖKV)
Johann-Teufel-Gasse 8
A-1238 Wien
Tel.: 00 43 / 1 / 88 70 92
Fax: 00 43 / 1 / 8 89 26 21

Schweiz

Tibet Terrier Klub der Schweiz
La Carrière
CH-1823 Glion
Tel.: 00 41 / 21 / 9 63 83 30

Für Hundesport im Verein:
Schweizerische Kynologische
Gesellschaft (SKG)
Länggasstraße 8
CH-3012 Bern
Tel.: 00 41 / 31 / 3 01 58 19

Literaturhinweise

Spezialliteratur über Tibet Terrier

Krassnig, Adolf:
Tibet Terrier
Kynos, Mürlenbach 1996

Allgemeine Literatur

Aldington, Eric:
Was tu ich nur mit diesem Hund?
Gollwitzer, Weiden 1994

Beckmann, Gudrun u. Susanne:
Vom aufrechten Mensch zum Hunde-
halter
TG-Verlag u. Beuing, Gießen 1994

Feddersen-Petersen, Dorit:
Hunde und ihre Menschen
Franckh-Kosmos, Stuttgart 1992

Trumler, Eberhard:
Hunde ernst genommen. Zum Wesen
und Verständnis ihres Verhaltens
Piper, München 1992

VDH & SV (Hrsg.): SV und VDH
empfehlen Kindern 12 Goldene Regeln
im Umgang mit Hunden.
Die 33seitige Broschüre, bei der
Eberhard Trumler und Erik Zimen
beratend zur Seite gestanden haben,
können Sie beim VDH (s.o.) oder SV
anfordern:
Verein für Deutsche Schäfer-
hunde (SV),
Steinerne Furt 71, 86167 Augsburg,
Tel.: 08 21 / 74 00 20

Weidt, Heinz:
Der Hund mit dem wir leben:
Verhalten und Wesen
Blackwell, Hamburg/Berlin 1993

Register

Halbfette Seitenzahlen verweisen auf eine ausführliche Erläuterung des Begriffs.

Adressen 84–85
Aggressionsverhalten 12
Agility 50
Alleinfuttermittel 60
Anknabbern 45–46
Anleinen 38–39
Anschaffung siehe Kauf
Anspringen 44
Augen 10
Augenerkrankung, erbliche (PRA) **75–76**, 83
„Aus!" 41–42

Baden 56–57
Bandwürmer **73–74**, 83
Begleithund 49
Bei-Fuß-Gehen 39
Beruhigungsmittel 81
Betteln 45
Bewegung 12, 15–16, **51**
Bindehautentzündung 82
„Bleib!" 41

Bürsten 22, 23; siehe Kämmen

Charakter **11–12**, 15–16

Deckhaar 10
Dominanzverhalten 42–44
Dosenfutter 62
Drahtbürste 23, 55
Durchfall **70–71**, 83

Eingewöhnung 25–28
Eiweiß 58
Ekzeme 82
Elektrokamm 55
Entwicklung
– körperliche 31–33
– psychische 33–34
Erbrechen **70–71**, 83
Erkrankungen siehe Krankheiten
Ernährung 58–65
Erscheinungsbild, äußeres 9–10
Erziehung 35–48

Familienhund 11
FCI (Fédération Cynologique Internationale) 9

Fell
– Farbe 10
– Pflege 52–57
– Wechsel 32–33
Fertigfutter 60–62
Fett 58–60
Flexileine 38
Flöhe **74**, 82
Futter 15
– Menge 64
– selbst zubereiten 60–62
– Vorrat 22–23
– Zusammensetzung 58–60
Fütterungszeiten 64

Gassigehen 37–38
Gebärmutterentzündung **71–73**, 83
Gebärmuttervereiterung 73
Gebiß 10
Gemüse 60, 63–64
Geschichte 6–8
Geschlechtsreife 33, **42**
Gesundheit **67–83**, 82–83
Getreide 60
Getreidespelzen 57

Gewichtsreduktion 64
Giftpflanzen 24–25
Gliedmaßen 10
Greig, Agnes 7–8
Grundausstattung 15, **22–23**
Gruppenausbildung 46–47

Haarkleid 10
Hausapotheke 67–68
Hausordnung 44–46
Hund, erwachsener 16–17
Hundeanorak 53
Hündeführerschein 49
Hundehandel 21–22
Hundeshampoo 56
Hundesport 49
Hündin **17–19**, 33
– Krankheiten 71, 73
Hütehund 6–7, **11–12**

Impfungen 15, 17, 21, **67–68**
Insektenstiche 68

Jagdtrieb 11
Jugendphase 34

Kämmen 53–55
Kastration 78–80
Katzen 30
Kauf 13–22
Kinder 28–30
Kläffen 44
Klosterhund 7
Knochen 66
Kohlenhydrate 60
„Komm!" 39–40
Kommandos
  39–42
Kopf 9–10
Körperbau 9–10
Körpertemperatur
  67
Kosten 13–15
Krankheiten
  67–83, 82–83

Lamleh 8
Langeweile 46
Läufe 10
Leckereien 66
Leinenführigkeit
  38–39
Lhasa Apso 8
Lhasa Terrier 8
Lob 36–37
Lösen 26
Luneville 8

Mahlzeiten 65
Meningitis 75
Metallkamm 23
Mineralstoffe 60

Nachwuchs
  76–78
Namensgebung 8

Napf 22
Nasenschwamm 9
„Nein" 36
Nomadenhund
  6–7

Ohren 10
Ohrenpflege 57
Ohrenschmalz
  57
Ohrmilben 57

Paarungsbereit-
  schaft 77
Parasiten **73–75**,
  83
Parvovirose 67
Pflege 51–57
Pflegemittel 23
Pflegeutensilien
  22
Pfoten 10
„Pfui!" 36,
  41–42
„Platz!" 40–41
Prägungsphase
  19, **34**
Pubertät 33–34

Rassehund 7–8
Rassestandards 9
Rivalität 12
Rolleine 38
Rüde 17–19
Rudelführung
  42
Rute 10

Schädel 9
Scheinträchtigkeit
  71, 83
Schütteln im
  Nackenfell 37

Schutzhundaus-
  bildung 49
Schutzimpfungen
  siehe Impfungen
Selbstsicherheit
  11, 15
Shampoo 56–57
„Sitz!" 40–41
Slickerbürste
  23, 53
Sozialisierungs-
  phase 34
Sozialverhalten
  35–36
Spaziergang 51
Spielzeug 22
Spülung 57
Spulwürmer **73**,
  83
Stehlen 44–45
Sterilisation 81
Strafen 36
Stromkabel 25
Stubenreinheit
  26, **37–38**

Tadel 36–37
Team Test 49–50
Tibet 6
Tierarzt 69–70
Tollwut 67
Transportbox
  23, 70
Trittsiegel 10
Trockenfutter 62

Übergewicht
  66, 78
Umgang mit Men-
  schen 16, 19–20
Ungehorsam 12
Unterbringung
  13, **26–27**

Unterwürfigkeit
  11
Ursprung 6–8

Verband für das
  deutsche Hunde-
  wesen (VDH) 84
Verdauungsapparat
  70–71, 83
Verfilzungen
  53–55
Verhütung, hor-
  monelle 81
Verletzungen
  82–83
– kleine 67–68
Versicherungen
  15
Vitamine 60–61
Vollwerttrocken-
  futter 62
Vorbereitungen
  24–25
Vorführleine 22

Wacheigenschaften
  11
Welpe **16–17**,
  19–21, 24–25
Welpenschule 33,
  47–49
Wesensmerkmale
  siehe Charakter
Widerristhöhe 10

Zahnwechsel 32
Zecken **74–75**,
  82
Zeckenzange 75
Zucht 76–78
Züchter 17,
  19–21
Zweithund 30

Im FALKEN Verlag sind zum Thema „Hunde" u.a. bereits erschienen:

„Agility und andere Hundesportarten" (Nr. 4873), „Erfolgreiche Hundeerziehung" (Nr. 4808; auch als Video unter der Nr. 6198 erhältlich), „Wenn Hunde reden könnten ... (Nr. 4952), „Hundekrankheiten" (Nr.1604), „Komm! Sitz! Platz!" (Nr. 1469), „Mischlingshunde" (Nr. 1511), „Neufundländer und Landseer" (Nr. 1644), „West Highland White Terrier" (Nr. 1514), „Yorkshire Terrier" (Nr. 1642), „Ein junger Hund zieht ein" (Nr. 1678)

Dieses Buch wurde auf chlorfrei gebleichtem und säurefreiem Papier gedruckt.

ISBN 3 8068 1990 4

© 1998 by FALKEN Verlag, 65527 Niedernhausen/Ts.

Umschlaggestaltung: Peter Udo Pinzer
Layout: David Barclay, Neu-Anspach
Redaktion: Petra Volkmar
Herstellung: Andreas Jacobsen
Titelbild und Umschlagrückseite: Ulrike Schanz, Heimstetten
Fotos: Bildagentur IPO, Linsengericht: S. 62, 66, 70; **FALKEN Archiv/ Steimer:** S. 23, 75; **Roberto animal photographer,** Gronau-Epe: S. 54 o.; alle übrigen Fotos: **Ulrike Schanz,** Heimstetten
Zeichnungen: Katja Rosenberg, Wiesbaden: S. 22; alle anderen Zeichnungen: Gabriele Hampel, Kelkheim

Die Ratschläge in diesem Buch sind von der Autorin und vom Verlag sorgfältig erwogen und geprüft, dennoch kann eine Garantie nicht übernommen werden. Eine Haftung der Autorin bzw. des Verlags und seiner Beauftragten für Personen-, Sach- und Vermögensschäden ist ausgeschlossen.

Satz: FALKEN Verlag, Niedernhausen/Ts
Druck: Druckhaus Cramer, Greven

817 2635 4453 6271